未來的戰鬥

皮凱提與桑德爾對談平等與正義
揭露當今獨特又殘酷的不平等

EQUALITY

What It Means and Why It Matters

托瑪・皮凱提 Thomas Piketty
邁可・桑德爾 Michael J. Sandel 著

韓絜光 譯　林宗弘、蔡其融 審訂

作者簡介

托瑪・皮凱提
Thomas Piketty

法國社會科學高等學院研究主任、巴黎經濟學院講座教授、倫敦政經學院國際不平等研究中心百年教授。

22歲時，在倫敦政經學院及社會科學高等學院取得經濟學博士學位，隨後到美國麻省理工學院經濟系任教。1995年，返回巴黎，陸續擔任法國國家科學研究中心研究員、社會科學高等學院教授、巴黎經濟學院教授。曾獲頒法國最佳青年經濟學家獎、葉留揚森獎（主要表彰對經濟學研究有重大貢獻的45歲以下歐洲經濟學家）。

鑽研經濟不平等問題，著作《二十一世紀資本論》在全球掀起討論風潮，將日益擴大的貧富不均議題推上公共論辯的高點。更推動全球150名經濟學家跨國合作，建立「世界不平等資料庫」（WID.world），不斷累積與更新資料與研究成果，將全世界所得與財富分配現況及歷史演變在線上開放。

著有《二十一世紀資本論》、《資本與意識形態》、《平等的反思》等國際暢銷書。

作者簡介

邁可・桑德爾
Michael J. Sandel

哈佛大學政治哲學教授、美國人文與科學院院士、巴黎索邦大學客座教授。

牛津大學博士。1980年起，在哈佛大學任教，他的「正義」課程以互動式教學為人津津樂道，累積學生修課人數創下哈佛校史紀錄，哈佛大學並將其製作成電視與網路公開課程，全球已有數千萬人觀看。曾獲頒哈佛大學教學卓越獎、美國政治學會特別成就獎。

致力於將哲學的影響力拓展到學術界之外，曾任美國總統生命倫理委員會委員，講學足跡遍及各國。他的新線上課程「技術倫理」，探討人工智慧、聊天機器人和社群媒體帶來的道德困境。他證明了深奧的哲學也能普及到一般民眾生活，理性的公共辯論在各地都能實現。

著有《正義》、《錢買不到的東西》、《成功的反思》等，被媒體讚譽為「當代最貼近世人的哲學家」、「學者中的搖滾巨星」，是當代最有影響力的政治哲學家。

目 錄

| 推薦序 |

兩位最傑出不平等研究者的精采對談	朱敬一	9
一本反映時代精神的對話錄	林宗弘	13
台灣正面臨不平等加劇的挑戰	連賢明	18
改寫經濟學教科書即可改變世界？	葉浩	23
公平正義的思維震撼	陳國樑	30
平等需要眾人一起實踐	陳方隅	34

| 第**1**章 |

為什麼要擔心不平等？
21 世紀的平等與正義　　　　　　　　　　　　　　41

| 第**2**章 |

該不該降低金錢的重要性？
有些東西不該用金錢來買賣　　　　　　　　　　　53

| 第**3**章 |

市場的道德局限
本質一變，怪事就多　　　　　　　　　　　　　　69

| 第 **4** 章 |

全球化與民粹主義
不論東方或西方，不滿的根源都來自不平等　　　　　85

| 第 **5** 章 |

論才智至上
把績效當作正義的基礎，贏家值得，輸家活該？　　105

| 第 **6** 章 |

亂數抽選制
該不該用於大學錄取和國會選舉？　　　　　　　　121

| 第 **7** 章 |

稅制、團結與共同體
革新制度之前，先喚起道德共感　　　　　　　　　141

| 第 **8** 章 |

邊境、移民與氣候變遷
當川普崛起、消退又再崛起　　　　　　　　　　　155

| 第 **9** 章 |

左派的未來
經濟問題與身分認同　　　　　　　　　　　　　　179

重要觀點注解　　　　林宗弘、蔡其融　　　　　203

推薦序

兩位最傑出不平等研究者
的精采對談

朱敬一

已故的費景漢院士（1923-1996）在世時就曾對我說過，對於「不平等」的探討，會是將來經濟學研究的重點之一。

費院士在「吉尼係數」的拆解分析方面，有頗多貢獻。但在四十年前，經濟學界對於不平等的研究，就只有制訂「衡量指標」一個面向。許多經濟學者設計了十幾種不平等指標，卻跳不出框架，難以有偉大的結果。這個瓶頸，約莫要到英國經濟學家安東尼・阿特金森（Anthony B. Atkinson, 1944-

2017），才有所突破。

　　阿特金森在牛津大學、倫敦政經學院任教的時候，是皮凱提的授業老師。有些英國教授很可愛，會在自己的網頁上描述：「誰影響了我，而我又影響了誰」。當年阿特金森的網頁上就寫著：「我影響了皮凱提與伊曼紐爾‧賽斯（Emmanuel Saez）。」賽斯是2009年美國經濟學會克拉克獎的得主。

　　皮凱提與賽斯都是法國裔，兩人曾合作發表過不少文章。整個經濟學界關於「不平等」的嶄新研究方向，就在兩人帶領之下逐漸開花結果。

　　最近二十年，不平等的研究方向，概有數端。其一，是用大量現代與歷史上的個體財稅資料，對不平等的實際情況做更精準的計算，並能描繪出隨著時間軸的不平等演變。有了更精準的個體資料，也就可以分析不平等在各個家庭的跨代移轉，並進行各國比較，這是第二個研究方向。其三，則是探

討各種政策（例如遺產稅、財產稅等）可以如何緩解不平等。其四，則是探索「平等」的哲學意涵，例如究竟怎樣的不平等是可以接受、合乎「正義」的？這方面的貢獻，桑德爾堪稱當代翹楚。

在這本皮凱提與桑德爾對談平等與正義的書籍中，有不少篇幅談到不平等的「演變」。人類歷史上總是存在階級、貴族、奴隸、種姓等非常原始的不平等。這類不平等在近兩百多年人本思潮的沖刷之下，已經逐漸消退。

但人類歷史總是一波未平，一波又起，趕走了封建階級，又出現了資本主義社會裡的新階級，例如資本家與勞工階級。不僅如此，近一百年的全球化，使得資本家在全球流竄更方便，財富不平等問題也變得更複雜。

此外，皮凱提與桑德爾在對談的時候，多次提到了唐納・川普（Donald Trump）、瑪琳・勒朋（Marine Le Pen），以及全球極右派的反撲。一談

到這個話題，兩人都不勝唏噓，短短幾小時的交鋒對話，把當今複雜難解的問題幾乎都涵蓋進來了。

這本書是全球最傑出的兩位不平等研究者，所進行的精采對話，適合做為導引性或是補充性的讀物。但不論是導引或補充，讀者都可輔以閱讀其他書籍。若想多了解歐美歷史趨勢，可以參考皮凱提的《二十一世紀資本論》（*Le Capital au XXIe siècle*）；若想了解傳統封建制度下正義理念的建構，可以看約翰・羅爾斯（John Rawls）的《正義論》（*A Theory of Justice*）；若想知道歐洲與美國新自由主義的扭曲，可以嘗試桑德爾的《成功的反思》（*The Tyranny of Merit*）。

總之，「不平等」的知識探索不是一蹴可幾，需要廣泛閱讀，才能掌握全貌。

（本文作者為中央研究院院士、特聘研究員）

推薦序

一本反映時代精神的對話錄

林宗弘

　　人類社會的不平等,向來是社會科學最重要的主題之一。近年來,有許多優秀的哲學家與社會科學家,不約而同地關注不平等這個主題,這並不是巧合。

　　自 1980 年代後期,資本主義與社會主義陣營的冷戰結束、經濟全球化下開放貿易與網際網路科技發展的衝擊,再加上 2008 年美國聯準會降息與房地產次級貸款引發的全球金融海嘯,這些因素導致多數國家的貧富差距迅速惡化。

未來的戰鬥

近幾十年來,因貧富差距惡化受害的民眾,以各種方式進行反抗。雖然這些反抗運動並非全然有助於社會進步或改善不平等,例如恐怖主義、威權崇拜或民粹主義的崛起等,但全球各地爭取平等的運動,不僅改變許多國家的國內局勢,也牽動全球的地緣政治變化。這一切也激發各地的知識份子投入對於不平等的研究。

皮凱提是其中一位領導全球不平等研究的重要學者。他的父母是 1968 年法國學運領袖,他在左派父母的影響下,於歐洲與美國接受經濟學訓練。

皮凱提鑽研經濟不平等領域、累積大量研究成果,從《二十一世紀資本論》、《資本與意識形態》(*Capital et Idéologie*)、《社會主義快來吧!》(*Vivement le Socialisme! Chroniques 2016-2021*),到《平等的反思》(*Une brève histoire de l'égalité*),積極提出許多「民主社會主義」的解決方案,逐漸成為全球關注的意見領袖。

推薦序

在哲學領域，桑德爾是全球最受歡迎的哲學家之一，以社群主義立場批評《正義論》作者羅爾斯的個人理性基礎與推論而聲名鵲起。

從 1980 年起，桑德爾在哈佛大學任教，他開設的課程「正義」，多年來都是哈佛大學最受歡迎的通識課程。近年出版《成功的反思》一書，更成為批評全球化時代下「功績主義」（meritocracy，或譯為「才智至上主義」、「精英制度」）意識形態的重要著作。

桑德爾在《成功的反思》中，將全球與美國不平等的矛頭指向以哈佛大學為首的美國高教常春藤體系，公開批評合理化當代社會不平等的意識形態「敵在本能寺」。

皮凱提與桑德爾在 2024 年 5 月於巴黎經濟學院，針對兩人共同關注的平等議題，進行了一場前所未有的對談，對話內容經編輯整理後，濃縮成這本精采的對話錄。

全書緊湊又有系統的呈現當代兩位大思想家長期關注的核心問題，對於全球社會不平等的政治與意識形態之重要性既有共識、又偶爾洞見兩人背後哲學立場的尖銳交鋒。

　　皮凱提常以歷史或實證研究進行論述，強調平等所能獲得的個人解放或集體利益（更類似於《正義論》作者羅爾斯的主張），而桑德爾則認為，承認的政治（politics of recognition）往往比物質分配的公平性更為基本，但他也認可平等對承認身分與共同體團結的重要性。

　　兩人對話中，幾次交鋒，常以桑德爾禮貌性地撤退（但不是在辯論中落敗）做結。

　　通常，在正式出版的學術著作當中，學者們為了符合學術規範與禮數（審查人可能就是被批評的對象），會使寫作風格趨於正式與婉轉。然而，這本對話錄卻難得的讓我們可以一窺兩大思想家對這個時代的幾個核心問題，表露坦白的內心話。

推薦序

　　無論是否已熟知這些學術論述,或者是想藉由這本書進入兩位大師的思想(多重)宇宙,讀者都能從書中對話的精采過招裡,一睹時代精神與大師風采,並一起反思現實世界裡不平等所帶來的全球巨變。

(本文作者為中央研究院社會學研究所研究員)

推薦序

台灣正面臨不平等加劇的挑戰

連賢明

　　如果你對當代社會與經濟不平等的根源及其解決方案感到好奇，或者想探究全球化與民粹主義如何重塑世界，那麼這是一本不容錯過的精采著作。

　　本書是法國經濟學家皮凱提和美國政治哲學家桑德爾，兩位享譽國際學者的聯手之作。皮凱提是研究財富不平等的頂尖專家，他的《二十一世紀資本論》被譽為繼卡爾‧馬克思（Karl Marx）的《資本論》之後，探討貧富差距最重要的作品；桑德爾則是哈佛大學的明星教授，他的「正義」課程，堪稱哈佛最熱門的通識課。本書內容不僅是學術交

流，更是一場對當前社會困境的深刻反思。

他們在對談中，從經濟面的貧富差距、政治面的權力對等、職業的平等尊嚴等多重視角，剖析不平等的歷史脈絡與現實挑戰。

這本書可概分為兩大部分。第一部分是從經濟與政治角度回顧不平等的長期趨勢。皮凱提從經濟層面分析，指出近數十年來，經濟政策自由化與全球化致使財富不平等急劇惡化。最明顯的證據是全球最富有 1% 群體的財富迅速增長，而財富集中又進一步擴大了頂層階級的權力。

桑德爾則從政治哲學切入，批判當今過分強調的「精英制度」，認為它讓成功者過於自滿、失敗者感到羞辱，加劇了社會撕裂。他特別提到，在歐美，受過高等教育的人對低學歷者的偏見甚至超過對少數族裔的偏見。桑德爾呼籲重視「工作的尊嚴」，讓園藝、清潔、零售等基層職業獲得應有尊重，並透過公共設施（如交通、公園、醫療系統）

促進不同階層的互動。

在探討不平等成因時，兩位學者一致強調教育在促進公平中的關鍵角色，並提出大膽改革建議。

皮凱提主張頂尖大學應擴大招生規模，滿足更多學生的需求，而非固守小規模的精英教育。他指出，目前美國頂尖大學錄取的學生中，來自收入前1%家庭的比例，遠高於來自底層50%家庭的總和，這種差距難以單純用「優秀」標準解釋。桑德爾則建議將頂尖大學錄取改為抽籤制，打破階級壁壘，確保大學教育能涵蓋多元社經背景的學生。

第二部分內容更引人入勝，兩位學者緊扣時代脈動，分析2024年川普再次勝選的背景。他們指出，自2008年金融危機以來，美國兩大政黨的選民基礎發生轉變：民主黨日益迎合城市精英，忽略工人階級需求，導致傳統票倉在2016年大量流失，這種疏離感延續至今，促成川普再度當選。

皮凱提透過數據發現，居住區域的失業狀況與

川普支持率密切相關，全球化導致製造業工作外流至中國等地，受影響的工人階級，轉而支持川普。桑德爾則補充，就業困難進一步削弱社區機構（如工會、宗教組織、社區中心）對社會的凝聚力，進而加劇政治極化。為解決右派（保守派）在選舉中愈來愈得勢的趨勢，皮凱提認為，提振就業並提供區域公共服務（如交通、公立學校、醫療保健），是維繫社會公平的基礎。

桑德爾則建議左派（社會民主勢力）重新定義左派的認同，與右派的愛國主義和民族主義競爭。他提出「經濟愛國主義」理念：企業應回饋社會而非將資本轉移海外避稅，將愛國主義與社會公平結合，讓經濟成長惠及全民。希望能透過這些經濟政策和論述，將兩黨政治從極化慢慢拉回理性討論。

在台灣，我們也面臨類似的不平等挑戰。

經濟上，前 1% 富人的財富持續增長。在教育方面，台大教授駱明慶與林明仁的研究顯示，台大

學生大多來自台北等富裕地區家庭，占比遠高於花東地區家庭，例如北市大安區的占比（6.10%）是台東縣的 30 倍（0.19%）；而來自富裕階級的比例也遠高於中下階層家庭，最富有家庭（100 百分位）的子女，進台大的機率是最窮家庭（10 百分位）子女的 6 倍。此外，政治極化與民粹主義在台灣也有日益顯著的現象。關注台灣社會正義與經濟公平的讀者，本書是重要的參考。

最後，儘管近數十年不平等加劇，貧富差距幾乎創世紀新高，兩位學者仍對未來抱持無比樂觀。他們堅信與上世紀相比，多數地區的不平等已顯著改善，證明不平等並非不可逆的自然法則，而是可透過政策改變的結局。這種堅信公平的勇氣，正是推動社會改革的重要動力。

（本文作者為中華經濟研究院院長、國科會科技、民主與社會研究中心副主任、政大財政系特聘教授）

推薦序

改寫經濟學教科書即可改變世界？

葉浩

　　2012 年 9 月，以哈佛公開課程及《正義》和《錢買不到的東西》兩書而名噪國際的美國政治哲學家桑德爾，接獲盛行於知識份子圈的英國雜誌《前景》(*Prospect*) 之邀，擔任當期的「如果我能統治世界」(If I Ruled the World) 專欄作家，他藉此抒發的人生終極關懷是：改寫經濟學教科書！這是在牛津大學取得博士，旋即任教於哈佛政府系的他，無法如願的。

　　但在這本與堪稱全球最知名經濟學家皮凱提的

對談錄中,桑德爾不僅有機會進一步闡釋該想法,皮凱提也以最專業的經濟學論述來支撐他的論點。兩人一來一往舉重若輕,談話間涉及諸多哲學、政治、經濟理論,卻又深入淺出,讓人翻開書就不願放下。

這場世紀對談在皮凱提任教的巴黎經濟學院進行。《二十一世紀資本論》是這位法國經濟學家成為蜚聲國際公共知識份子的著作,但他在 22 歲那年於倫敦政經學院和法國社會科學高等學院完成的博士論文,早已奠定他的學術名聲,並取得美國麻省理工學院的教職。

不過,他跟桑德爾一樣不滿於把新自由主義(Neoliberalism)奉為圭臬的美國經濟學,且強烈批評該立場既難以成就真正重要的學術研究,盡經世濟民之使命,尤有甚者,反而導致當今西方國家內的嚴重貧富差距及全球的南北不平等,且必須為當前的民粹主義崛起和無能回應氣候變遷等人類共

同危機負部分責任。

柴契爾夫人及雷根總統於 1980 年代共同推動的新自由主義,成為桑德爾和皮凱提的共同敵人。這種經濟學的始作俑者是曾任教於倫敦政經學院的弗雷德里希・海耶克(Friedrich Hayek)及芝加哥學派經濟學家,但哈佛大學的政治哲學家羅伯特・諾齊克(Robert Nozick)也是重要推手。他們高舉市場萬能並企圖將簡單的供需法則運用於所有的公共政策,進而讓政治歸經濟,經濟歸市場邏輯。

桑德爾長期提醒人們,這種意識形態允許市場邏輯入侵本不該屬於經濟領域的各種生活領域。其結果是逐漸剝奪了教育、醫療、公共運輸乃至民主政治原本的內在價值。

師道與學問的追求不復存在。不願任何人因病痛而失去人生的共同體精神,蕩然無存。不同的社經階層不再共乘大眾交通工具。民主制度宣稱讓不同族群闡釋己見並理性進行商議的政治承諾,也從

此跳票。取而代之的是一切以經濟利益為目的之工具性思維，以效率之名來行降低成本之實的政策，公共性則最後讓給了外包廠商的營利性。

以上想法，終於在桑德爾的《成功的反思》中凝聚成更有系統性的一套論述。直譯其英文書名「The Tyranny of Merit」，應是「才智的暴政」，之所以是暴政，那是因為新自由主義思維不但讓贏者全拿，甚至回頭過來對輸家說：「世界是公平的！」絲毫不考慮他們的成功其實是受益於特定的政治、社會、經濟乃至教育制度，彼此環環相扣。

這跟皮凱提的近作《資本與意識形態》主要論點不謀而合：任何一個貧富差距嚴重的社會，必有一套意識形態為這種現象合理化，讓人既看不到當中的不平等，更不會意識到那背後一切制度的不公與不義。

支撐當前西方社會之內及南北半球之間懸殊貧富差異的，就是那一個歌頌既得利益者，把投機正

推薦序

當化為聰明投資,將靠爸族包裝成靠個人才智與努力獲得成功的新自由主義,亦即 21 世紀資本主義的化身。

桑德爾曾以博士論文劍指美國政治哲學巨擘羅爾斯的《正義論》,一戰成名。其主要論點之一即是,正義理論不該企圖勾勒一個抽象的理想社會圖像為目的,國家更不該對各種不同生活方式保持中立。深諳其論點的皮凱提,於是禮讓對方,讓桑德爾以聚焦於現實社會中的不平等現象出發,為對話的方向定調。

本書不談論何謂正義?談的是政治、經濟、社會三領域當中的不平等之彼此關聯。重中之重則是:經濟上的所得差異和貧富差距,已造成社會的嚴重不平等,個人及族群之間存在各種認知差異,生活上的距離,價值上的鴻溝,甚至正在侵蝕人類過去數百年來藉民主憲政取得的政治平等。

皮凱提在經濟史及經濟學理論的深厚造詣,為

桑德爾的許多想法提供了歷史證據及經濟學基礎。桑德爾的論點則深化了皮凱提關於去商品化及社經資源重新分配之說的政治哲學基礎。涉及的地理範圍也不僅止於歐洲和美國，而是資本流動所致的國際社會整體。

短短 200 頁的篇幅，一個曾體現於英國及北歐的社會民主理想和一個奠定在愛國情操但又不失人類共同命運關懷的公民共和主義，躍然於紙上。

曾經，我們共同生活的島嶼上，也有一套意識形態支撐著政治上的威權體制及經濟上的黨國發展主義，而且指向一種接近社會民主的理想。民主化之後，該意識形態崩潰，讓路給了新自由主義。於是，治理國家必須如同管理一家公司，GDP 成長則是衡量政府的標準，市場邏輯不僅進入了捷運、健保等公共設施及社會福利等領域，也主導了教育體制及兩岸政策。

「政治歸政治，經濟歸經濟」指的其實是政治

只能拚經濟。「商人無祖國」也曾正當化了無數商人把工廠移去了祖國。三民主義中的社會民主想法,如同嬰兒跟洗澡水一起被倒掉了。

改寫經濟學教科書,當然不是一位政治哲學工作者能做得到的事。但筆者還是想說,也許可以從不使用反對社會福利、支持社會保險的美國教科書做為開始。而理由,全都在這一本書裡了。

(本文作者為倫敦政經學院政治哲學博士,政治大學政治系副教授)

推薦序

公平正義的思維震撼

陳國樑

「去商品化,使經濟體系中99%的財貨與勞務如教育與醫療等,成為免費服務」;「財貨與勞務的價值由政治協商決定,而非市場力量」;「對自由貿易與資本流動進行管制」;「立法委員的產生通過抽籤方式決定」;「至少50%的投票權歸勞工所有,即使他們並不持有公司股份」;「立法規定最高薪資上限」;「設定極高的所得稅率,最高可達80%或90%」;「川普的崛起,是精英對沒有大學文憑勞動者的不尊重所引發的後果」……

推薦序

當我反覆閱讀這本書，上述「離經叛道」的「奇思異想」，每一次都讓受「正統」經濟訓練的我，瞠目結舌、思潮激動的不能自已。然而，這些「荒誕無稽」的「異端邪說」，卻是桑德爾與皮凱提竭盡心力的研究結晶。

桑德爾畢生研究公共哲學，在哈佛大學開設的「正義」課程，僅在 YouTube 便已累積近四千萬次觀看紀錄。曾被國際關係領域中極具影響力的《外交政策》期刊，評選為「全球百大思想家」。

皮凱提專注於不平等問題的研究，曾於 2015 年以「政府無權決定個人有多榮譽」為由，拒絕了法國最高榮譽、最負盛名的軍民功績獎項「法國榮譽軍團勳章」。他在著作中一再揭示財富和收入不平等的結構性根源，並提出有力的公共解決方案。

桑德爾推動現代社會正義的哲學思維，並激起全球對倫理與道德問題更廣泛的討論，成功的使哲學從學術圈走向公眾領域；皮凱提則改變經濟學界

對不平等問題的看法,並促使全球對經濟體系結構、財富分配和公共政策的關注與討論。

這兩位當今最有影響力的思想家,於 2024 年 5 月在巴黎經濟學院就平等議題展開深刻對話。隨後幾個月裡,他們繼續透過電子郵件密切交流。這場對話與後續的交流,最終催生了這本書。

財政學是我個人教學與研究的核心領域,也是我對政府政策進行批判與建議,並實踐社會服務的基礎。財政學理論與實證分析的架構,用一句話來說,就是尋求經濟效率與社會公平之間的平衡。公共部門的活動,無論是課稅或補貼,都會對於效率與公平造成影響;在大多數情況下,效率與公平往往難以兼顧,是以兩者的損益斟酌與權衡抵換,成為了財政學討論的重點。

然而,天平的平衡取決於兩端法碼重量的均等。問題在於經濟效率的法碼有明確定義與規範,能夠進行計算與衡量;但社會公平的法碼,有如面

貌美醜,見仁見智,並無統一的客觀標準。財政學對公平的討論,主要集中於「量能原則」與「受益原則」,而這些原則的內涵與衡量標準,往往隨著觀點與方法的不同而有所差異,且深受政治與意識形態的影響。

閱讀桑德爾與皮凱提對平等的論述,讓我驚嘆不已,也拓展我對財政學中社會公平的視野。從「為什麼要擔心不平等」出發,兩人井然有序地梳理經濟面、政治面與社會關係三大層面的影響,環環相扣、層層遞進,直至結語中提出「左派的未來」,一氣呵成、暢快淋漓,讓人在全心沉浸於大師所帶來的思想洗禮與心靈震撼之外,更提升了思考的層次,加深對平等議題的理解!

(本文作者為政治大學財政學系教授暨系主任、社會科學研究院財稅研究中心主任)

推薦序

平等需要眾人一起實踐

陳方隅

　　這本書是由經濟學界與政治哲學界的搖滾巨星皮凱提與桑德爾共同撰寫。兩人透過對話方式討論平等的價值、重要性，以及政府與公民如何透過實際行動，促進整個社會實現更大的平等。

　　皮凱提與桑德爾對談的主題，涵蓋經濟學、哲學、歷史、政策，以及時事，儘管問題錯綜複雜，但他們除了有非常深厚的學術涵養，在推廣重要思想的普及上更是不遺餘力，他們在對談中，把自己的理念與多年來的研究成果，梳理成清晰易懂的語

言。這也是我個人最佩服兩位大師的地方。

　　這本書意外的輕薄短小且平易近人。以皮凱提來說，他的《二十一世紀資本論》、《資本與意識形態》，真的是「擲地有聲」，不管是從實質內容，還是「物理上」來看（因為真的是很厚一本）。除了這些大師級經典作品，他還有探討平等歷史的社普書《平等的反思》、集結政論文章的《社會主義快來吧！》，甚至有《資本與意識形態》的漫畫版。

　　但正如同皮凱提在《二十一世紀資本論》結尾提到的：「社會科學家和所有的公民及知識份子一樣，都應該加入公共議題的辯論，而不能只滿足於提出一些抽象的原則，例如民主、正義、和平。社會科學家必須對於特定的制度（institution）和政策選取立場並為其辯護……每個人也都應該參與在這個過程……該做的事也不只是每幾年去投一次票這樣而已。」

皮凱提確實是身體力行,在這本對談錄中,為了推動平等的相關政策,與桑德爾交鋒辯論,例如高強度的累進稅率、反對教育和醫療的商業化等。

兩位大師在書中的角色相輔相成,他們在多數議題上看法一致,但細節與論證方式有些許不同,兩相比較是閱讀本書的一大樂趣。如果覺得閱讀文字不過癮,還可以到網路上找到兩位大師面對面實際對話的影片系列,是非常好的學習與思考素材。

對我來說,讀這本書最有趣的地方在於,它是對話的形式,往往是一問一答,然後還有反問,而當一位大師提問的時候,讀者可以自己先擬答,再看看另一位大師的答案是往哪個方向去做論述。

從內容來看,本書觸及的主題很廣,最後面也談到許多最近非常熱門的議題,包括川普的崛起、身分政治與認同、移民,以及國族主義等等。想要更深入理解每一個議題的讀者們,可以進一步找兩位大師的作品來讀,也可以搭配其他相關書籍。

如果時間有限,或是想要對平等議題有綜觀的理解或者快速上手,這本書提供讀者關心社會正義與公共政策很好的起始點。

兩位大師都認為,公民的參與是促成政策朝向更平等方向改變的最重要動力之一,而對我們一般大眾來說,認識這些重大議題背後的原理及其價值,就是最基本的公民參與方式了!

(本文作者為菜市場政治學共同編輯、東吳大學政治系助理教授)

2024 年 5 月 20 日在巴黎經濟學院,
皮凱提與桑德爾針對平等與正義,
進行一場前所未有的對談。
這本書是經編輯後的對話實錄。

第1章

為什麼要擔心不平等？

21 世紀的平等與正義

我們建構的民主和自治理念,
正因龐大的貧富不均而受到危害。

──皮凱提──

新的階級衝突已經出現

Ⓢ 桑德爾

探討平等的意義時，有個方法是反過來先問，為什麼不平等會造成影響？你過去的研究已清楚揭示，當前所得與財富的不平等有多嚴重。我們就先從這方面的不平等談起。

你指出，在歐洲最富有的10％人口擁有社會三分之一以上的所得和超過一半的財產。在美國，這方面的不平等甚至更嚴重。許多人都為此憂心不已，但究竟為什麼這會造成問題？

Ⓟ 皮凱提

首先，我想強調，對於解決不平等問題，我還是樂觀的。在《平等的反思》一書中，我曾說明過

這點。雖然今日在世界各地,從歐洲、美國,到印度、巴西,仍然存在許多不平等問題,但長期來看,社會還是往愈來愈平等的方向發展的。這個趨勢是怎麼發生的?解析背後的因素,應該就可以回答你的問題。

推動平等的力量,來自社會動員和大眾對平等權利的強烈政治需求,這些權利包括被視為基本需求的教育、健康、投票權,以及更廣泛地參與各種形式的社會、文化、經濟、公民和政治生活。你也曾在著作中強調自治和參與的作用,我認為這種對民主參與和自治的想望,也是社會長期推動平等的動力。

對平等的追求,並非原本就存在,史前時代肯定沒有。平等的概念確切始於十八世紀末,隨法國大革命、廢除貴族特權而出現,美國獨立革命也發揮了一定的影響力。到十九世紀,又因為奴隸制度廢除、勞工運動興起、成年男性公民開始有選舉

權,以及之後的女性爭取普選權運動而持續發展。進入二十世紀,隨著社會保障、累進稅制、去殖民化的進展,社會持續朝向愈來愈平等的方向發展,甚至到近幾十年來仍未停歇。

> 常有人說,自 1980 年代新自由主義興起後,
> 我們就進入不平等加劇的時代。
> 在某些層面上,這是事實,
> 尤其在貧富不均、職業尊嚴方面。

但在消弭性別、種族、南北發展等不平等上,我們是往平等方向發展的。在我看來,推動平等的趨勢在未來還會繼續。為什麼?

因為伴隨現代社會發展,民主意識提高了,人們對平等取得民生基本物資、各種形式的參與,以及保有各種形式上的尊嚴所懷抱的想望也在增強。這是一股很強的驅動力,致使包括對金錢層面也會

要求更趨向平等。

　　總結你對所得和財富不平等提出的疑問，關於今日不平等的嚴重程度，你提到的數字是正確的，但一百年前情況更嚴峻，甚至兩百年前貧富之間的差距更大。因此，拉長時間來看是有進展的。

　　推動平等，從來不是一件容易的事，總是牽涉到龐大的政治爭鬥和社會動員，往後也一樣。好消息是，這些爭鬥並非沒有勝算，我們過去就打贏過許多次。要為下一步做準備，研究這些歷史事件，也許不失為好方法。

Ⓢ 桑德爾

　　你歸納出不平等造成的問題有三個方面：一個是跟人人有權取得民生基本物資有關；二是關係到政治上的平等，包括平等取得聲量、權力和參與權等；三是尊嚴問題。我們就從這三個面向，逐一深

入探討平等為什麼重要。

假設有一天,所得與財富的不平等現象依然存在,但我們能夠用某種方式讓政治過程不受貧富差距因素影響,也就是經濟上的不平等不會影響政治參與、決策過程等,這樣還會造成問題嗎?

比方說,我們可以為選舉提供公共經費,不再允許私人捐贈政治獻金。我們可以監管政治遊說,有錢有勢的財團和富人不再對政治擁有過多的發言權。我們能夠讓政治聲量和政治參與免於受到所得與財富不平等的影響。透過更慷慨的福利國家制度,讓每個人都可以平等取得衛生、教育、住宅、食品、交通運輸等基本民生物資。

也就是說,儘管社會經濟仍存在所得與財富的不平等,但我們已顧全第一個利害要點(即基本民生物資的取得)與第二個利害要點(如政治參與和政治聲量的取得),這樣還會造成問題嗎?

貧富差距不只是金錢差距，
還會造成社會距離

P 皮凱提

我認為這仍然會產生問題，尤其在基本尊嚴方面。所得與財富不平等會導致人際關係和權力關係失衡，貧富差距並不單純只是金錢差距，還會造成社會距離（social distance）。更何況，企業財團對政治和媒體的影響，是金錢對公領域最明顯可見的影響之一，以現今貧富差距的嚴重程度，很難想像這個問題有可能解決。

但假設你前面提的思想實驗可行，這問題真的能解決，在購買力方面仍會存在非常大的不平等。如果我的一小時收入，就可以買下你一整年的勞動，這代表人際關係中存在相當大的社會距離，這必然會引發嚴重的擔憂和疑慮。

因此,民主和自治理念的形成,不僅牽涉到正式組織的政治活動和獲取資訊的正規途徑,也關係到我們在地方社群裡所有非正式的人際關係,包括人與人彼此互動、相互討論協商的社會關係等,都會因嚴重的貧富不均而受到危害。

最後,對此問題,我認為政治和哲學上最重要的論證,其實是歷史論證。從歷史上看,我們一直以來都能合力解決上述憂慮。不單在更平等取得民生基本物資和政治參與上,在縮小金錢(所得和財富)層面的不平等,也有大幅進展。這三個面向,實際上是相互作用的。

觀察現今的不平等問題可以發現,即使近幾十年來衡量貧富不均程度的指標在擴大,但在歐洲,最富有10%或1%人口的收入與最底層50%或10%人口的收入差距,比起一百年前已大幅縮小。在美國可能不盡然有這麼大的改善,但高低收入之間的差距已明顯比百年前小。

因此，長期來看，社會是往愈來愈平等的方向發展的。過程中，我們不但沒有犧牲繁榮或其他需要實現的目標，而且此發展還成為推動現代繁榮的關鍵要素。這是怎麼做到的？我們在歷史上看到的榮景背後，有更具包容性和更平等的社會經濟體系興起，尤其是更包容、更平等的教育機會，這絕對至關重要。

然而，今日在實現平等的過程中，存在兩個現實挑戰。一是關於基本物資的取得，今日大眾認為的基本民生物資，與百年前並不相同。

當前有個重要課題：
怎麼實現公正的教育體系，
如何解決高等教育的反向重分配問題。

才智至上主義對高等教育的影響，也是你一向關注與寫作論述的議題。簡單說，我們在高等教育

方面多少已經放棄實現平等的壯志了。我認為,這正是今日許多問題的根源,包括經濟問題,乃至民主問題更是。

第二個重要挑戰與警訊,是國際關係和南北發展嚴重不均。今日在北半球,特別是歐洲或美國享有的繁榮,不光來自教育興起和對衛生與技術的廣泛投資,這些絕對有助益,是雙贏的制度結構轉型結果。但不可諱言,也有一大部分是得利於國際分工,這實際上是對資源的剝削利用,既剝削自然資源,也剝削人力資源,手段有時十分殘酷。當然也伴隨額外的代價,危害到地球的永續發展,這在今天愈來愈歷歷可見。

在邁向平等、繁榮的過程中,這很顯然是重大的阻礙,也是未來亟待解決的嚴峻考驗。但這也是我抱持樂觀的原因。我認為,要解決地球面臨的新難關,唯一方法是,比我們過去所能想像的更徹底推動平等。

第2章

該不該降低金錢的重要性？

有些東西不該用金錢來買賣

重分配與去商品化應該並行，
去商品化已廣泛運用在許多經濟領域，
未來，在整體經濟的占比，
就算沒有七成、八成，也會超過五成。

——皮凱提——

怎樣的制度，
能讓經濟繁榮，同時維持平等

Ⓢ 桑德爾

我們已經歸納出對平等的三個討論面向：一是經濟面；二是政治面；三則牽涉到社會關係，關乎尊嚴、地位、尊重。從某些方面來看，第三點的難度最高，但或許也是最引發深思的，我們最後再來深入探討。

為了弭平這三方面的不平等，你提出的建議中，大家最熟知的，包括更完善的累進稅制、更全面的福利國家發展、保障所有人均可受惠的全民遺產制等，對這些提議我都很贊同。可能有的人會說，這其實就是近半世紀以來已有的社會民主方案，只不過更健全，目標只差在更充分實現。

但我後來讀了你的著作，注意到除了這些熟悉的方案外，你還有兩個較為激進的建議，可以說重新定義了整個社會民主方案：一個跟跨國際面向有關（後面會再詳談），另一個是經濟和社會生活逐步去商品化。

　　我想多了解你怎麼思考重分配和去商品化的關係，因為典型的社會民主方案主要就是針對社會財富和所得的重分配，以及政治聲量的重分配。

　　為了方便討論，我再提一個思想實驗。想像有兩種方案可以解決前面討論的不平等問題。一號解決方案：重新分配社會所得和財富，盡可能給每個人相等的購買力，但經濟商品化的狀態維持不變。二號解決方案：維持當前的所得與財富分配不變，但經濟和社會生活去商品化，亦即把金錢的重要性降低。

　　假設教育、衛生、住宅、政治聲量、政治參與和影響力等基本民生需求，全都可以去商品化，社

會生活也可以去商品化到某種程度。有錢的實質優勢,只剩下可購買遊艇、魚子醬、醫美手術或其他奢侈品。

一號方案是激進的重分配,但維持商品化經濟不變,二號方案是維持現有的分配不變,但社會生活去商品化。如果可以二選一,你會怎麼選擇?

新政府選對制度,
超級不平等社會變成平等典範

(P) 皮凱提

現今已被多數人接受的社會民主,也曾是激進方案。英國工黨在 1945 年上臺執政時,首次拔擢無正式高等學歷、在 13 歲前就輟學的人擔任部會首長,還賦予煤礦工人新的權力,這些人以平民身分在有貴族傳統的國家,取得了政治權力。不只在

英國，這種情況也發生在瑞典。

　　瑞典的社會民主黨在 1930 年代初次執政，在二戰後又再次掌權。但在第一次世界大戰之前，瑞典還只有上層 20％ 的男性人口有投票權，而這 20％ 的人口又依財富各自擁有 1 票到 100 票不等的投票權。由於在市政選舉中，沒有選票上限，有好幾十個市政區域是由同一人擁有過半的選票，可以完全合法的實行獨裁。這就是一戰前的瑞典，我們曾經生活在這樣的社會。

　　我認為，最重要的是認知到我們已往前邁進了一大步。這一切顯示沒有什麼是固定不變的，平等或不平等的程度並不是取決於長期存在的文化或文明特質。

> 不管過去是怎樣的不平等社會，
> 透過公民參與、政治動員，
> 是可以讓改變發生的。

第 2 章 該不該降低金錢的重要性？

我以瑞典的社會民主黨為例,因為也會順勢談到去商品化。瑞典社民黨透過工會運動,在 1930、1940 年代掌權後,用實際行動證明,社會平不平等取決於國家由誰治理,以及怎麼運用國力,而非國家本身的傾向。

瑞典社民黨在完全不同的方向上,成功地施展國家能力。政府的角色不再是依據人民的所得與財富來分配投票權,而是以所得和財富水準來課徵高額累進稅,然後再將這些稅收用在建立與資助公共系統上,包括不以賺錢和追求最大利潤為營運目標的教育。

這就是去商品化的核心所在,在政府的挹注下,教育、醫療衛生等經濟部門的運作,可以跳脫金錢邏輯與利潤邏輯,不再以追求最大獲利為營運動機,而大眾也可以降低對私有市場的依賴。歷史上,去商品化政策一直是這樣實踐的。好消息是,這麼做不僅有實際成效,而且如今已涵蓋廣泛的經

濟領域。在已開發國家，教育和公共衛生在經濟產值的占比已將近25％，比所有製造業加總起來還要高；這些部門大多跳脫追求最大利潤和股東所有權模式，而且運作得非常好。

在像美國這樣的國家，醫療衛生部門主要仍以利潤邏輯運作，它的醫療衛生支出占國內生產毛額近20％，但成效卻比不上以公共利益邏輯運作的歐洲醫療系統。

因此，從歷史發展來看，去商品化具有實際效益。去商品化可以成功，不僅跟重分配、縮小所得與薪資的差距密切相關，而且是透過當時相當激進的社會民主動員和工會動員實現的。

還記得經濟學家海耶克所寫的《到奴役之路》（*Road to Serfdom*）嗎？他在書中對投票給工黨或社民黨的英國和瑞典朋友提出警告：「你們會落得像蘇聯的下場，走向獨裁統治。」當時，這些激進的政治運動被視為一群野蠻人妄圖控制國家，但結

第 2 章 該不該降低金錢的重要性？

果證明他們做得相當好。諷刺的是,像海耶克一樣懼怕瑞典社會民主黨和英國工黨的那些人,卻在 1970 年代支持在智利建立軍事獨裁政府的皮諾契特(Augusto Pinochet)*。

我們現在面臨的問題是,從 1980 年代起,特別是蘇聯解體的 1990 年代或 2000 年後,社會民主就被視為不再變更的完成品,至少有些社會民主政黨領袖是這樣認定的。但這是個錯誤。

二十一世紀將發生的變革,
強度絕不亞於百年前的轉變。

我在著作中提過參與式社會主義(participatory socialism)和民主式社會主義(democratic socialism)。

---

* 譯注:皮諾契特是前智利總統。1973 年在美國支持下發動政變,推翻實行社會主義的阿葉德總統,建立軍事獨裁政府,統治智利長達 16 年。

這些體系與我們今日的經濟制度有很大不同。我會說，兩者的差異程度，堪比今日的社會民主社會與百年前的資本主義社會之間的差異。變革的強度，是相同的。

因此，你前面提到的重分配與去商品化，哪一個方案更重要：重分配以縮減金錢上的不平等，還是去商品化？

<u>去商品化若推行得夠徹底，</u>
<u>金錢上的不平等將會變得幾乎無關緊要。</u>

假設經濟有 99％ 已去商品化，也就是 99％ 的財貨與服務，例如教育和醫療等，都是免費的。只有 1％ 是仍須付費購買的商品，而貨幣收入也只占國民所得的 1％，因為國民所得中還會包含可免費取得的公共服務，在會計核算時也要將這些服務的價值納入。

如果貨幣收入只占國民所得 1％，那麼這 1％的所得分配，不論高低收入差距是 1 比 5、1 比 10 或 1 比 20，都不是太要緊。實際上，以這 1％的所得規模，昂貴的醫美手術將沒有市場，因為沒有足夠的消費者支撐市場需求，購買力將會非常有限。

儘管如此，我要重申，重分配與去商品化應該並行，因為過去這麼做成效良好，更何況未來很長一段時間，商品化經濟的占比仍會遠超過 1％。

嚴格累進稅不會抑制經濟，反而助長繁榮？

關於社會國家（social state）的興起，我們有必要進一步了解背後成因。有的人喜歡稱「福利國家」（welfare state），我自己更喜歡「社會國家」的概念，因為涵蓋了教育及其他公共服務、公共基礎建設等，嚴格說來，不會只包含社會安全保障。

歷史上社會國家能夠興起，得力於工會、社會安全基金和社會為支付這些基金所做的貢獻，但也要歸功於實施高額累進稅制，以及大力縮減薪資、所得、財富的差距。我們對這些發展並不陌生，但大家有時會忘記有多少國家實現了社會國家的興盛，其實不只是瑞典、德國、法國、英國，還包含美國。

> 美國在二十世紀的許多年代裡，
> 最高所得稅率在 80% 至 90% 間，
> 1930 年至 1980 年期間，
> 最高所得稅率平均為 82%。

但這樣嚴格的累進稅制不但沒有摧毀美國的資本主義，在這段期間，以每小時工作產出來計算，美國經濟生產力反而是全世界最高的，而且遠高於其他國家。

第 2 章　該不該降低金錢的重要性？

　　為什麼會這樣？因為美國的教育普及率非常高。當時，雖然世界各地都能看到教育普及的趨勢，但在二十世紀中葉，其他國家與美國的教育普及率差距依然相當大。1950 年代，美國青年中有九成上過中學，同時期在德國、法國和日本，卻只有兩到三成的青年受過中學教育，直到 1980 年代，中學教育才在這些國家近乎普及。這是繁榮的關鍵。

　　二十世紀中葉，位居收入金字塔頂端的人繼承了龐大財富，同時期最高所得稅率高達 80％至 90％，但這樣高的累進稅並未對任何重要方面造成負面影響。當時縮減所得、財富和薪資差距的重要政策工具與動力，除了累進稅制，還有基本工資制度，以及工會勞方代表的功能提升。

> 未來希望勞方代表在企業董事會中，能擁有更大實質的影響力。

這些制度的革新全都很重要，也有助於建立新的社會契約，讓中產階級能接受為社會國家做出貢獻。他們知道自己可以從中受惠，也看到上層階級要付出的遠比他們多。

　　然而，時至今日，中產階級對上層階級是否公平承擔了應付的社會責任，存在強烈懷疑，甚至不只是質疑，他們會覺得，既然這樣，「我又何必為更窮的人付出。」二十世紀建構起來的社會契約，因此開始瓦解。

　　累進稅制的重要性在於，當私人企業高薪人才與政府公職人才間存在巨大薪資或所得落差時，能調節國家的經濟實力。我們在前面談到金錢差距對尊嚴和社會調節的影響，但除此之外，這也是效能問題。

　　如果你希望公共監管機構擁有適當的人才，但他們的薪酬卻只有 Google 或其他高科技業員工的 5%，那問題就來了。解決方法並不是給公職人員

加薪 20 倍,而是要大幅減少薪資差距,縮小所得落差。至少,這是歷史上行之有效的辦法。

我主要研究社會史和經濟史。我在以社會學者身分所寫的著作中,曾深入研究平等的發展歷程。確實,我們不必非得在去商品化和重分配之間抉擇,因為在歷史上這兩者是合作並行的,而且一起發揮得相當成功。

第 3 章

市場的道德局限

本質一變,怪事就多

過度商品化存在兩個問題：
一是大家會更看重錢，窮人更難取得所需資源；
二是錢滲入各領域，會敗壞財貨或服務的本質，
讓原本出於良善動機的利他行為變質。

——桑德爾——

市場邏輯不該入侵各種生活領域

Ⓢ 桑德爾

我了解你說的去商品化和重分配可以並行,也認同兩者是相輔相成的。但我認為,社會和經濟生活過度商品化之所以讓人擔憂,有兩個原因。

一是如你前面提到的,去商品化會讓金錢的角色變得更重要,在經濟不平等的環境下,阻礙民眾取得教育、衛生、政治發言權等基本資源。這點確實很重要,讓人擔心商品化的結果,並嚮往去商品化的社會生活。

至於另一個原因,與平等無關,甚至跟提供均等機會以取得基本民生物資無關。先不論負擔不起的人是不是難以取得所需資源,當一切都商品化,會不會貶損、敗壞或削減財貨或服務本身的意義?

以高等教育為例，假如教育高度商品化，機會不平等的問題自然會出現，這是我們熟悉的反對意見。但這是否也會導致學生主要將教育當作謀得好職業、賺大錢的工具？當學生的心態發生變化，是否最終也會影響到大學的立學本質，削弱對教學和學習本身價值的關注？

Ⓟ 皮凱提

絕對是的，連教師也會敗壞。許多實驗證實，假如根據學生的成績表現給教師金錢獎勵，有時一開始是能看到成績提升，但六個月後問學生實際學到什麼，會發覺他們什麼也沒學到，因為老師只教他們怎樣考試拿高分，沒有教他們真正的學問。真正的學習不會在半年後就消失。

維護財貨或服務的本質與意義，確實是去商品化在二十世紀能發揮作用的重要原因，尤其在教育

和衛生領域。在公共建設、大眾運輸、能源產業、文化部門或者其他很多領域，也都可以舉出成功的去商品化實例。我認為，這些部門未來在整體經濟的占比，就算沒有六成至八成，也會超過五成。

但比起其他領域，去商品化在教育和醫療衛生領域格外有效，正是因為如果透過市場機制，外在的金錢或利益誘因反而容易削弱大家為教育付出、為醫療衛生努力的內在動機，讓原本出於良善動機的行為變質。

以美國的醫療衛生體系為例，儘管長期投入大量資金，醫療衛生支出在國內生產毛額的占比，從10％、15％，提高到現在的18％，很快就會達到20％，但美國人的平均餘命和基本的健康數據結果卻很差。

為什麼歐洲有些公共體系花的錢較少，成效卻更好？雖然相關從業人員的薪水可能較低，例如歐洲醫生已算富有，只是不像在美國那麼富裕，但他

們的工作成果卻顯然至少一樣好。

> 如果將一切商品化,
> 並以高額的報酬與金錢為誘因,
> 內在動機可能產生質變,
> 反而會摧毀工作和生活中真正重要的東西。

　　金錢原本只是市場交易的工具,卻改變了我們的思維與行為。這不是無稽之談,只要看看現實世界的實際運作就知道。

　　有些人到處成立營利機構,比如川普大學就是一所營利型大學,那簡直是災難。即使是最昂貴的精英學校,例如哈佛大學和常春藤聯盟學校,仍是非營利機構,不是以股東制、公司化經營。

　　這不代表這些名校的運作絕對公平,在招生辦法、董事會席次的取得和許多方面,他們也有很多問題,但至少不會自動把你的席次或投票權直接讓

渡給子女（至少依法不能這樣運作）。因此，整體來說，金錢的影響力比較小，尤其私人經營者持有的權力比較小。

高教商品化，大學仿效股東制、公司化經營會更好嗎？我不這麼認為，這很可能摧毀你和你的學生在像哈佛這樣的學習研究機構中珍視的東西。

去商品化讓經濟活動回歸內在動機，這理念也可以延伸應用到其他產業部門，包括文化和交通運輸。我認為這些領域在未來會變得愈來愈重要。

Ⓢ **桑德爾**

但亞當斯密（Adam Smith）曾經建議，牛津大學的教員應該按照出席授課的學生人數決定薪酬。

Ⓟ **皮凱提**

他可能鑽研經濟學過頭了。

(S) 桑德爾

還有伊曼努爾・康德（Immanuel Kant），他的第一份教職薪水，好像就是依據學生出席人數來計算的。

(P) 皮凱提

過去，金錢在教育上扮演重要的角色。今日，每當談到美國大學的校友子女或捐助者的子女可購買入學資格，我就會想到晚清帝制的中國。

在大家眼裡，帝制中國很重視科舉考試，也確實如此，要出任朝廷要職，必須通過層層科考。但你也可以買官。所以，實際存在一個複雜的門路，專供滿族八旗子弟入朝當官，八旗子弟可能不是特別有學養，但因為他們征戰有功的身分，希望確保滿族子弟能占有一些朝政高位。此外，有些經商發達的有錢人財富萬貫，可是家中子弟的學習表現不

盡理想,也會想辦法用錢買通機會。

這種事屢見不鮮。我相信很多人會辯解,可能不像亞當斯密或康德那樣探討教師的教學動機,而是主張,機構想要吸引資助,必須接受這種錢可買通機會的情況,就跟今天的美國一樣。

這類爭議由來已久,我並不是說這些主張絕對錯誤或無法說服人,其中一些論點也值得認真看待。但如果我們對這些歷程進行深入反思,我想結論是,去商品化在促進平等上,已取得豐碩成果。

怎樣的價值觀,才應當主導我們的公民生活

Ⓢ 桑德爾

第二個支持去商品化的論點,與實現平等沒有直接關係,而是跟減低財貨與勞務本身的意義、敗

壞社會價值觀有關。我認為這個論點比較激進，或至少更偏離主流的社會民主方案，可能與主流經濟學者對經濟的看法也不一致，因為它要我們思考和討論如何正確的衡量財貨與勞務的價值。

許多主流經濟學家將現有的商品評價方式視為理所當然，也就是認為消費者可以在經濟生活中理性的表現自己的偏好，他們只要探討在特定資源分配下，如何讓消費者獲得最大滿足。

然而，「去商品化以避免腐敗」（如果可以這樣稱呼）的論點，要我們討論如何以適當方式衡量醫療衛生、教育和文化活動的價值，而不僅僅只是接受每個人的喜好。這將促使我們進行政治討論，探討是否某些核心價值更重要、更有意義。經濟學和公共討論會因此變得更具評判性，超出許多社會民主論者，尤其是自由主義論者所能接受的。

對於更具批判性的公共討論和經濟學，你是感興趣，還是排斥？

第 3 章　市場的道德局限

P 皮凱提

我很感興趣。我想先申明，我不太把自己定位為經濟學者。我認為，我的著作更側重於社會史和經濟史，融合了社會經濟史和政治經濟學，並涵蓋傳統政治經濟學中所有的道德和政治面向。

我想強調，衡量價值本身就是個政治過程。將價值問題交給市場和供需法則來判斷，不僅理論上無法讓人滿意，在現實中也無法實現。

我們知道今天國民經濟會計和國內生產毛額指標有其局限性，也承認對不平等的討論還不夠，至少地球的宜居性尚未被充分計入國民經濟會計核算內。儘管這個體制還很不完美，但許多政治評估認為，現今免費醫療和教育的價值取決於生產成本。

嚴格說來，這意味著我們認為教育和醫療衛生的價值，是由生產這些服務所需的工資和必要投入決定的，而不是取決於市場的供需法則。這些價值

是由政治商議程序決定的。我們透過國會、預算機關和政治程序共同決定了這些事。

這些程序雖然不完美，但不受市場管轄，而且實質上決定我們會付多少薪水給公立醫院的醫生和公立學校的教師，而這也是教育和醫療衛生在國民經濟會計中的價值。

政治面的價值評估已經存在。今天，這些部門的產值在國內生產毛額的占比，可能是 25％ 或 30％。但我認為未來可能會達到 50％、60％，甚至 70％ 或 80％。因此，去商品化也包含政治上的價值衡量，也就是你說的批判性評估。

回到你的問題，當今的社會民主存在哪些缺陷？我們只需在現有做法上前進一小步，還是更激進的變革？我想重申，社會民主在歷史上也曾是個激進方案，比如 1945 年工黨在英國掌權；羅斯福施行新政，雖然美國的政治傳統不太一樣；瑞典社民黨崛起；1945 年法國社會主義者和共產主義者

第 3 章　市場的道德局限

執政,開始施行社會安全系統和公共服務。當時這些都是激進方案,後來因為成功施行才成為主流。

今天,我們再度面臨重大挑戰。只是,亟需解決的問題與過去大不相同。

其中一個問題是,我們已不再擴展教育和醫療衛生部門。我們有必要持續擴大這兩個部門。以教育來說,如果真心希望讓一整個世代獲得更高的教育,就必須審慎思考要對教育體系投入多少資源,有些時候,量的差異會造成質的差異。此外,也要思考什麼才是公正的入學機制,畢竟這是很重要的社會經濟部門。我們需要思考整體該如何規劃。

> 問題關鍵在於,
> 現今接受高等教育的人口比例已大幅提高,
> 但我們投入教育的資源,
> 卻仍停滯在 1980、1990 年代的水準。

回顧歷史上我們挹注於教育的總公共資源，從1910年到1990年，增加了10倍，教育支出占國民所得的比重從1910年不到0.5％，增至1990年的5％或6％。但此後，不論在美國或歐洲，對教育的資源投入，基本上就停滯在這個水準，而接受高等教育的年輕人比例，在1980年代，頂多20％或30％，現在已有50％、60％，甚至在韓國達到70％。

受教育人口比例增加，資源投入水準卻未跟著提高，這意味著有少數精英學校的學生獲得大量資源，但大多數人就讀的公立大學或像美國的社區大學，卻得不到足夠的資源。這是我們推行社會民主方案以來遭遇的第一個重大局限。

第二個局限是參與不足，不只在政治商議和政治生活，也包括企業內的決策。在討論參與式社會主義時，我心中構想的一個關鍵要素是，企業內至少50％的投票權應交給勞方代表，即使他們沒有

持有股份。至於另外 50％歸於股東的投票權,也有必要受到嚴格監管,大型企業內單一股東的投票權可能不應該超過 10％。

> 透過這些所謂激進的方法,
> 勞方與資方共治,
> 才能真正實現企業內決策程序民主化。

第三個重大局限在於跨國層面,這也是我想特別強調的。縱觀歷史,北半球的社會國家(福利國家)建立在民族國家的基礎上,完全忽視南北半球的不平等。但實際上北半球的繁榮正是靠這種不平等發展起來的。沒有南半球的資源支持,北半球的榮景根本不可能發生。

1860 年美國南北戰爭前夕,英國和法國製造業使用的棉花,有三分之二來自美國南方農場的奴隸人力。奴隸制廢除後,棉花又改從埃及和印度進

口,從來不是英國或法國本地產的。二十世紀依賴的石油和石化燃料也一樣,直到今天的礦業開採依然如此。

因此,可以這樣說,全球分工和對自然資源與勞動力的剝削,造就了北半球的富庶。這是北半球自二十世紀發展社會民主和福利型資本主義以來,面臨的最大問題。未來必須有所改變,否則國際競爭,尤其是與中國的地緣政治競爭,對西方模式的威脅,恐怕更甚於二十世紀的蘇聯。

第 4 章

全球化與民粹主義

不論東方或西方，
不滿的根源都來自不平等

民粹主義並非群氓亂舞，
當政治精英熱衷於全球化、信仰市場萬能，
被精英與全球化忽視的人成為民粹主義的基石，
開始激進的主張奪回權力。

——桑德爾——

當政治精英向市場靠攏，民粹主義急速在民主國家崛起

Ⓢ 桑德爾

1980 年代以來全面展開全球化所帶來的各種問題，很值得深入探討。我們兩人都對超全球化（hyper-globalization）抱持批判態度，尤其是其堅持主張的資本自由跨境移動，以及新自由主義全球化方案下的自由貿易協定。

和我們持相同看法的人，一方面批評資本和財貨跨境移動不受拘束、不受管制造成的種種問題，另一方面卻又支持較開放的移民政策，但這其實就是人員的跨境流動。反觀立場右傾的人，他們支持並推崇資本和財貨自由流動，但對外來移民增加，卻大加非議。

究竟是哪一方自相矛盾？

Ⓟ 皮凱提 ___

這個問題讓我想到最近剛讀完你的新版《民主的不滿》（*Democracy's Discontent*）。這本書初版於 1996 年，2022 年又推出新版，你在書中有個論點，是我很感興趣的議題，所以，我想要反過來請教你的看法。

我先歸納對這本書的理解，在新版《民主的不滿》中，你在序言和最重要的結語清楚指出，主張超全球化的人和中間偏左政府，實質上支持自由貿易、全球化、金融化，以及才智至上的意識形態（meritocratic ideology，這是另一個我想問你的主題），這些觀念的興起導致民主被削弱，共和黨（特別是川普）逐漸將民主黨描述成偏袒市場贏家的政黨。

歷史上，美國民主黨和歐洲的社會民主政黨及工黨一樣，支持勞工階級和下層中產階級，很少從

第 4 章　全球化與民粹主義

所得與財富金字塔頂層獲得資助。然而，現今的情況卻正好相反。

> 當左派選民轉向支持右派，
> 美國民主黨和歐洲的相應政黨，
> 與其譴責川普或共和黨人，
> 應該更專注於反省自身缺失。

新版《民主的不滿》中，提到柯林頓時期（1992 年至 2000 年）和歐巴馬時期（2008 年至 2016 年）這兩個長達八年的民主黨總統任期，實際上正當化了雷根在 1980 年代開啟的新自由主義政策走向。這意味著，民主黨政府在這段時期，延續雷根時期削弱累進稅制的做法，儘管你可能沒有像我這樣強調這點。但事實上，柯林頓和歐巴馬都未曾真正嘗試反對這種政策轉向。

更關鍵的是，這兩個時期的政府皆大力推進

全球化和自由貿易,包括簽署北美自由貿易協定（NAFTA）和成立世界貿易組織（WTO）。在柯林頓任期結束不久,中國加入 WTO。歐巴馬提出太平洋貿易協定（PTA）,但在 2016 年總統任期末段,因伯尼·桑德斯（Bernie Sanders）和川普反對,未能實施。

> 對於貿易、資本、勞力的移動,
> 我們是否該加強管制?
> 我認為,管制是必要的。

如果不管制自由貿易和資本移動,川普或英國脫歐論者的本土主義和國族主義論述會更盛行。他們常說:「我們要阻止外人來搶工作。」因此,我認為我們應該增加對資本移動和貿易流動的管制。

對於人力資源的流入,則是需要制定相關規範,仔細審視如何為移民支付教育和住房費用。人

們攜家帶眷來到我們的國家,這與單純的商品運輸截然不同。我們必須分析社會是否具備融合的條件,並確保這些條件能夠得到滿足。但如果能有效管制資本流動和貿易流動,這個難題終究可以迎刃而解。

> 我們須謹慎區分對超全球化的不同反應。
> 一種是國族主義,強調本土至上和反移民,例如川普和勒朋的立場。
> 一種是民主社會主義,就像桑德斯倡導的。

讀完你的《民主的不滿》之後,我有個問題想問你,這也可能是我們之間的歧見。你用「民粹主義者」(populist)這個詞來形容對過度全球化的兩種不同反應,雖然你清楚申明兩者不是同一種民粹主義。但我認為,兩者應有區別,用同一個詞描述會有風險。

「民粹」這個詞可被視為一種修辭手法，許多自詡中立的人常用，但他們往往是市場機制的受益者，喜歡駁斥所有意見不同的人說：「左派、右派都差不多，都是民粹。」他們用這種說法，攻擊對手看法的正當性。因此，我認為你用「民粹主義者」來形容對超全球化的兩種不同反應有點危險，但或許這是法國或歐洲的觀點，也許在美國的脈絡中有所不同。

Ⓢ 桑德爾

所以，你會修正成右翼民粹嗎？

Ⓟ 皮凱提

其實我完全不會用這個詞。我會說是「國族主義意識形態」、「社會主義意識形態」或「自由主義意識形態」，我認為這些都是正當的意識形態，

各自都有值得在民主檯面上討論的論點。

> 稱他人為「民粹主義者」,
> 很多時候是一種策略,
> 為的是打擊對方的正當性。

我知道你這麼做並不是要打擊對手,但有些人的意圖就是這樣。就像你前面提到的,限制人力跨境移動和管制資本移動有很大的不同。如果把所有反對自由市場全球化的人都稱為「民粹主義者」,恐怕會把截然不同的事混為一談。

Ⓢ 桑德爾

對於「民粹主義」的意涵,歐洲和美國可能存在某種程度的差異。我以此來指稱川普、勒朋,還有桑德斯,是有歷史原由的。

在美國的政治傳統中,「民粹主義」一詞源於十九世紀,當時產業工人和農民聯合起來,試圖從控制鐵路和後來控制油廠的東北部經濟精英手中奪取權力。這是推動社會改革的進步運動,但即使在當時也帶有本土主義、反猶主義和種族主義色彩。

<u>人民對抗權貴和本土主義這兩股思維,在歷史上一開始就是交織在一起。</u>

近年來,右翼民粹主義,特別是威權本土主義的思潮之所以茁壯,反映了改革進步未實現或社會民主政治的失敗。

Ⓟ 皮凱提

這點我同意。

第 4 章　全球化與民粹主義

Ⓢ **桑德爾**

在 2008 年的金融危機期間,先是共和黨執政,後來是民主黨執政,從小布希過渡到歐巴馬,政府先後都替華爾街紓困。危機當下,歐巴馬可以選擇重新建構金融與經濟的關係,或單純恢復現況,而他選擇了後者。

我認為這是決定歐巴馬日後執政方向的一刻,因為這代表他背離了自己 2008 年參選時在美國、世界各地激發的公民理想。大家原本燃起希望,期待這會是新形態政治的開端。

然而,他在金融危機不久後就任,任用的仍是柯林頓執政時期的同一群經濟學者,而當初正是柯林頓解除對金融產業的控管,才導致危機發生。他邀請這些人來解決當前的危機,而他們的做法是替銀行紓困,任由貸款買房的普通老百姓自力救濟。結果引發眾怒。

未來的戰鬥

歐巴馬承認替銀行紓困不公平，也並未借公理之名替自己辯護。替華爾街紓困令他難受，但鑑於華爾街和大財團對國家經濟的掌控，他認為這是唯一的解方。他希望挽救國家經濟，並以此合理化自己行為。但他說心中對此有無比的悔憾。

要納稅人替華爾街紓困，對歐巴馬的總統任期蒙上了陰影，粉碎了他競選期間在民間激起的對進步或社會民主政治復興的高度期望。隨之也產生兩股抗議聲浪：在左派方面，先是占領運動，隨後是2016年桑德斯對希拉蕊的競選活動意外的成功；在右派方面，則有茶黨運動，最終川普勝選。

這兩股抗議聲浪，都源自華爾街獲得紓困重建，而且過程中無人被究責，民眾因此感到不滿、憤怒與不公。所以，某方面來說，繼雷根和柴契爾之後執政的中間偏左進步派主流政治人物，為後來右翼版本的民粹主義崛起鋪平了道路，在美國出現的就是川普。他們為此鋪路，也為此承受後果。

第 4 章　全球化與民粹主義

　　雷根和柴契爾執政時期,明確主張問題出在政府,自由市場才是解方。中間偏左的政黨和政治人物繼承了這條政策路線,在美國有柯林頓、英國有東尼・布萊爾(Tony Blair)、德國是格哈德・施羅德(Gerhard Schröder)。他們緩和了雷根-柴契爾年代自由放任資本主義造成的尖銳對立和嚴重影響,但從未挑戰市場萬能的基本前提,甚至將市場機制當作定義和實現公共利益的主要工具。

　　因此,當他們在 1990 年代和 2000 年代初期採取新自由主義貿易政策和金融去管制措施時,實際上是在執行與實現市場至上的理念,無條件地擁抱和推動市場信仰。

> 我們從未真正公開辯論過,
> 在哪些公共服務,市場能有效促進公共利益,
> 在什麼情況下,又該防範市場邏輯入侵。

這個公共討論顯然具批判性，充滿各方不同的價值觀。我們又該如何對此進行討論？中間偏左和中間偏右的主流政治人物之所以被市場信仰吸引，除了華爾街的競選捐獻，有部分也是因為相信市場能帶來繁榮。但我認為，市場和市場機制能吸引人，還有更深層的原因。

市場信仰在現階段，甚至未來很長的時間裡，仍深具吸引力的原因在於，市場的存在似乎能讓我們這些民主社會公民，免於陷入充滿混亂、歧異、爭議的討論，也不用費心思討論如何衡量財貨與勞務的價值，以及爭辯不同職業的人對經濟和公共利益的各種貢獻。

市場信仰的興起，可說是源於某種自由主義希望透過中立的機制，去追求價值和美好生活。這是我的猜測，你可以直說同不同意。

簡單來說，就是我們生活在多元社會，彼此對事物各有評價，對幸福生活的本質各有看法，因

此,出於理想,我們希望倚賴一套中立工具,替我們省去做複雜決定的必要,因為我們知道過程中一定會有歧見。

當然,現實情況是市場並不是完全中立的工具。我們以為透過市場機制,就不必再費心思辯論和處理那些爭議性的公共利益問題,這是個錯誤的期待,但也是長久以來我們深受市場邏輯吸引的關鍵因素。

(P) 皮凱提

我認同你對此的觀點。我想這也是對民主與民主商議的恐懼。

(S) 桑德爾

你說得沒錯。

反全球化不只是表達民怨，
更是要奪回權力

P 皮凱提

我在《資本與意識形態》一書中，曾提到民眾對重分配的恐懼，就像害怕打開潘多拉的盒子，可能引來種種的禍患，而這也是對於重新評價自身行為與個人價值的恐懼。

我們害怕不知道該把界線設在哪裡，或許我們真的不知道該在哪裡停止。但最終，如果我們想要達到某個目標，最好的方法就是接受這種對自治的嚮往。正如你在著作中提醒的，這不僅是十九世紀美國一些最深層願望的源頭，也是現代性的根源。

回到「民粹主義」這個詞，你提到對華爾街在新自由主義下建立的全球化、金融化、才智至上的新意識形態，柯林頓、歐巴馬、布萊爾和施羅德都

第 4 章　全球化與民粹主義

未能提出質疑、挑戰這套價值信念。我完全同意你的看法。但桑德斯和伊莉莎白・華倫（Elizabeth Warren）在 2020 年多少提出了質疑。他們不僅挑戰這套信念，並推出我稱為民主社會主義的一套議程，尤其在累進稅制方面，甚至比羅斯福新政更為深遠。

這套議程還包含一項重要政見，主張勞方在企業中應有決策權力，並在企業董事會中擁有強大的代表。另外也包括在公立大學和公共衛生體系實行非常重要的去商品化策略。在我看來，這些提議不僅僅只是表達民粹的怨憤而已。

因此，我還是有點不解，為什麼你將他們歸類為「民粹主義」。我了解這個詞在美國的起源，正如你所說，對十九世紀末到二十世紀初的民粹主義者，進步主義與本土主義是交織在一起的。但我在桑德斯和華倫身上並沒有看到這種特徵，因此感到困惑。我認為，把他們稱為「民粹主義者」，只會

讓人覺得那些柯林頓派和布萊爾派很想和激進左派的人保持距離。

Ⓢ 桑德爾

你擔心主流政治人物會濫用這個詞。

Ⓟ 皮凱提

不僅如此，他們的立場在我看來更像是民主社會主義，或者可以說是針對二十一世紀的社會民主主義。這樣描述他們的立場，會比「左翼民粹主義」更準確。

Ⓢ 桑德爾

也許在意思上還是有點細微差異。民粹主義的核心並非重分配，儘管以桑德斯和華倫來說，確實

第 4 章　全球化與民粹主義

有促進平等的意涵。

民粹主義關注的是從精英手中奪回權力，還給民眾，這與經濟不平等密切相關。若要與社會民主或民主社會主義進行區分，比起重分配，民粹主義更強調取回權力、還聲於民、代表人民對抗權勢，以及要求控管大企業在經濟中的權力。

Ⓟ 皮凱提

可是讓勞方代表在企業董事會擁有更多權力，意義正是取回權力。而華倫和桑德斯都在美國國會提出一項很有意思的動議，按照相當社會民主的傳統精神，希望擴大勞方代表的投票權。

Ⓢ 桑德爾

我們應該不需要太過擔心這件事，這當中明顯有重疊之處。

(P) 皮凱提

但你用在川普身上的,也是同一個詞。

(S) 桑德爾

我懂了,所以你不認同用這個詞。

第5章

論才智至上

把績效當作正義的基礎，
贏家值得，輸家活該？

現今的不平等，既獨特又殘酷，
它推崇贏家並譴責輸家，這在過去是看不到的。
這種意識形態造成新的階級衝突、民粹崛起，
也帶給民眾巨大的心理壓力。

——皮凱提——

如果你貧窮,那是你自己的錯?

(P) 皮凱提

我們前面談了全球化與民粹主義興起之間的關係,接下來讓我們來深入探討才智至上主義(meritocracy)帶來的問題。我是《成功的反思》的忠實粉絲。你在書中探討過去幾十年來,社會對才智發展出一種近似信仰的意識形態,以及這種意識形態造成的重要影響。

照你分析,這種意識形態是新自由主義時代的三大支柱之一,另兩大支柱是全球化和金融化。我覺得你賦予它的重要性恰如其分。

我想問你一個問題,可能也是最重要的問題,就是我們有什麼解套辦法?你在書中提到一種常春藤聯盟學校抽選入學法,具體做法是假設常春藤聯盟學校的大學有100個錄取名額,設定錄取門檻

後，有 1,000 名成績超過標準的學生申請入學，這時再用亂數抽選方式，錄取其中 10%。

我非常認同你不希望放任大學自行其是的觀點。如果我理解正確，這是取回主導權的實踐，也是民主商議的範例。高等教育和醫療衛生等基本民生需求，應該透過民主商議來設立規則，而不是任由哈佛董事會等少數人按照自己的喜好決定。

有人可能會說：「這畢竟是他們的大學，他們想怎麼做都行，這是很自然的事。」但我認為這就像有人說：「這是你的錢，你把錢匯到避稅天堂、不繳稅是你的自由，畢竟是你的錢。」我會說，不對，抱歉，這不全是你的錢。這些錢來自數百萬人的群體勞動。沒有公共基礎設施或法律系統，你也不可能賺到這些錢。這個世界並不只有你一個人，你不能就這樣說：「這是我的錢。」

對於你提出的抽選制，我的解讀是否正確？當然，可能還有其他類似提議。入學規定應該透過民

第 5 章 論才智至上

主商議來設立,包括哈佛大學和美國其他頂尖大學,這只是取回主控權的一個範例。

Ⓢ **桑德爾**

我的想法有部分如你說的,但也有其他部分又回到關於道德評判、態度、認可的層面上。才智至上有兩個問題。指明這兩個問題之前,我先澄清,整體而言才智是好事。當我需要動手術時,會希望是最優秀的醫師操刀。這就是才智的重要。

<u>但才智怎麼會形成專制霸權?</u>
<u>自 1980 年代以來,在才智至上主義下,</u>
<u>贏家與輸家之間的鴻溝逐漸加深,</u>
<u>不僅毒害政治,也造成各種對立。</u>

這種鴻溝一部分源於所得和財富的不平等擴

大，但不僅僅是這樣，隨著不平等加劇，也改變我們對成功的態度。

那些成功的人開始相信一切成就完全是自己的功勞，市場在論才智行賞下，給了他們應得的豐厚回報。相對地，那些落後、掙扎求生的人，也應該為自己的命運負責。

這種對於成功的看法，源自一個看似迷人的理想，那就是在論才智行賞原則下，只要機會均等，贏家自然有資格享有勝利的成果。然而，才智至上的意識形態實際上存在兩個問題。首先很明顯的，在現實世界裡，機會根本不均等，我們並沒有真正實踐我們所推舉的論才智行賞原則。

<u>生在貧困家庭的孩子，成年後往往依然貧困。向上流動的比例很有限</u>。

第 5 章　論才智至上

以常春藤聯盟大學為例，儘管慷慨提供學費補助規章，讓來自家庭年收入不到 85,000 美元，或在史丹佛大學的情況下不到 10 萬美元的學生，學費、住宿、學生會費和書籍費一概全免，但實際上，這些學校的學生來自收入頂層 1%家庭的人數，比來自全國最窮 50%家庭的學生總數還多。

所謂的論才智行賞顯然並不完善。但假設我們能以某種方式完善這個制度，在教育系統的入學和經濟領域中，創造真正公正的機會平等，這樣我們就能有一個正義的社會嗎？我並不這麼認為。

即使是完善的論才智行賞制度，仍不免存在一個黑暗面，就是會腐蝕公共利益。這是因為它鼓勵成功的人將功勞歸於自身的努力，沉湎於自己的成就，忘了過程中有運氣和好運相助，忘了自己是蒙受他人恩惠才可能有這些成就。

最早提出「才智至上」一詞的社會學家邁可‧楊（Michael Young）就意識到這個問題。他認為才

智至上並不是理想狀態,而是一種危險。

> 危險之處在於,
> 贏家與輸家對成功產生錯誤心態,
> 最終將雙方推向對立。

贏家會養成傲慢,而落後的人會感到羞恥。才智至上的論調聽久了,可能真的會讓人相信,失敗和掙扎都是自己的錯。這也是我們的社會在近幾十年來嚴重趨向極端的原因。

隨著不平等日益加劇,勞工面臨失業和薪資停滯,主流的中間偏左和中間偏右的政治人物給勞工的建議卻是:「想要在全球經濟中競爭並取得勝利,就去上大學。你的學識愈高,賺的錢愈多。只要你願意嘗試,就能做到。」

這些精英沒有意識到,他們視為理所當然的建議隱含著羞辱。羞辱之處在於:「如果你沒有好的

第 5 章　論才智至上

學歷或大學文憑,在新經濟中苦苦掙扎,那麼你的失敗肯定是你自己的錯。因為你沒有按照我們的建議去做。」他們認為,「問題不在於我們施行的經濟政策,而在於你沒有按照我們建議的方式自我提升。」

許多沒有大學文憑的勞工階級感到憤怒,尤其是對那些勸告社會下層要學而有術、自我提升,用所謂的「魚躍龍門修辭」回應不平等問題的主流中間偏左政黨,在美國是民主黨,在英國是工黨,在法國是社會黨。

這些政黨的基礎選民原本主要來自勞工階級,但現在他們的政策走向,卻更貼近受過高等教育、有資格證書、專家職業階級的價值觀、利益和前景。因此,引來勞工階級憤怒的反彈。

我認為,這反映才智至上的成功理念已成為新自由主義全球化附帶的「道德觀」。

為什麼當今社會的不平等
既獨特又殘酷？

P 皮凱提

我非常同意你的分析。當代的不平等意識形態之所以特殊且殘酷,正是因為它推崇贏家,並譴責輸家,並以才智至上之名將這種現象合理化。這在過去的不平等體制中,是看不到的。

過去的社會體制雖然也存在不平等,但不同社會群體之間保有某種互補性。有些人是貴族和戰士,有些人是工人和農民,但並不代表他們就是愚蠢的,而是社會需要不同的群體。

我不是要歌頌過去的不平等體制,但至少當時不會伴稱窮困是自找的,而富裕是應得的。這種意識形態是當今不平等社會的一個獨特之處,給大家帶來了巨大的壓力,不僅影響心理健康,也引發許

多病症。

我們看到這種觀念從各方面對社會施壓,對窮困群體尤其嚴重。但位居上層群體的孩子,也同樣感受到出人頭地的巨大壓力。

我認為,你的分析切中要點。但是,回到我前面提到的問題,我們是否有解套的方法。我一向主張積極尋求解決方案,很好奇你是否會支持聯邦立法或例如麻州立法,廢止錄取校友子女和捐贈者的子女,直接對哈佛大學和其他常春藤聯盟學校的入學辦法制定規範。

Ⓢ 桑德爾

你的提議確實很有道理。我也認為,哈佛大學和其他私立的精英大學應該廢除對校友子女的錄取制度。

(P) 皮凱提

但我們應該強勢說服他們,還是應該等他們主動去做?

(S) 桑德爾

我認為,我們首先應該建立輿論壓力和道德壓力,而且成功機會很高,部分是因為美國最高法院裁定廢止了對少數族裔的平權措施。過去這一直是種折衷辦法,現在入學不能把種族或族裔納入考量了,這些大學也很難再說:「但我們可以考慮你的父母是否曾在這裡就讀。」

(P) 皮凱提

他們現在還是會這樣做。

(S) **桑德爾**

有些大學院校已經開始改變,像約翰霍普金斯大學就廢止了。

(P) **皮凱提**

他們現在捨得放棄招收富裕捐助者子女的機會了嗎?

(S) **桑德爾**

這我們只能觀察了。我認為我們應該往這個方向推動。像泰德‧甘迺迪(Ted Kennedy)就提出了可行的第一步,透過政府行動鼓勵改變。他雖然是哈佛校友,但他提議立法要求這些大學公開校友子女占總申請人數的錄取率。

(P) 皮凱提

資訊透明很重要,但從大西洋彼岸的角度來看,我認為我們需要更激進。我們應該要求大學對所有人一視同仁,採用相同的錄取標準,或者針對來自低收入家庭的子女,而非特定族裔背景的人,提供更多機會,又或者至少多用一些普世標準當條件,而不是用族裔當條件,並且不應該給予富裕捐助者的子女特殊待遇。

真的不可思議,
我們竟然習慣了這不平等的一切。

我前面提到帝制中國晚期也有這種類似買通機會的門路,而他們後來被共產黨取代。所以我有點擔心美國人習慣了現有的遊戲規則,這套規則看來是不對的。

(S) **桑德爾**

我同意。各大學絕對應該廢止現有的優惠錄取辦法,大眾也應該為此對大學施壓。我們有必要廢止這些不平等制度,問題只在於實際上該怎麼做。

第6章

亂數抽選制

該不該用於大學錄取和國會選舉?

今天的問題不只是貧富不均，
也不是光靠重分配就能解決，
問題在於對勞動者欠缺認同、肯定和尊重。
勞動尊嚴將是個重要議題，
對社會民主政治的復興至關重要。

——桑德爾——

改變入學制度所鼓勵的勝負心態

(S) 桑德爾

關於抽選制的設計與應用，首先，我要強調，我提議的抽選制是針對資格高於門檻的學生。像哈佛和史丹佛等大學，每年約有六萬人申請入學，而校方錄取的不到兩千人。申請者絕大半數都有足夠的能力勝任學業，並以優異的表現完成學業，也能在學業上幫助同學。

所以，我提議先由招生委員會判定哪些人有充分條件在頂尖大學的教育下成長受惠。在六萬名申請者中可能只有最優秀的兩萬五千人或三萬人是合乎條件的學生，從這些合乎條件的學生，再抽選出兩千人錄取。

這個提議主要目的不是為了混合更多收入階層的學生。雖然這也很重要，重要到我認為也許該有

相關的平權措施,幫助那些可能是家中第一代上大學的孩子,或是來自低收入家庭的孩子,有機會接受優質的高等教育,即使他們的測驗成績可能不如其他學生。這可以在抽選制之外另行實施,我會舉雙手贊成。

抽選制的目的主要是希望改變招生的意義,改變目前這種瘋狂的入學制度所鼓勵的勝負心態。抽選制可以提醒錄取和落選的學生,現行的升學制度其實包含很多運氣成分。透過這樣的方法,或許可以消減或抑止贏家的傲慢心態,並且平撫輸家受到的打擊和挫敗感。

> 抽選制度除了運用在大學招生,
> 也可以考慮用在其他領域,
> 包括改革代議制或國會制政府,
> 特別是實施兩院制的國家。

第 6 章　亂數抽選制

你可以改革兩院制立法機構或國會，其中一院由民選代表組成，另一院不再像上議院或美國參議院制度，小州的代表席數嚴重失衡，而是改由抽選市民組成。

這可以追溯到古希臘的民主理念，或者可以陪審團來對照，陪審團成員也是隨機抽選的。既然陪審團能夠判定有罪無罪，又怎麼不能在代表制議院輔助下商議公共利益？

這個方法或許能夠削弱金錢對政治競選的巨大作用，也能促進院會的輪換。此外，還能對抗才智至上時代形成的文憑偏見。

全球民主社會中，大多數公民沒有大學文憑。在美國，只有約38％的人口擁有四年制大學文憑，近三分之二的人沒有。英國則有約七成人口沒有大學文憑。然而，他們在國會的代表比例卻非常低，只有約5％到10％。這導致西方民主社會的國會中，勞工階級成員極少。

大多數公民沒有大學文憑，

但國會中勞動階級成員卻極少。

他們真的稱得上民意代表嗎？

我們就這樣接受了，對現狀沒有太多辯論。

如果女性代表在美國國會、法國國民議會或其他歐洲民主國家的議會中比例如此低，勢必會引起激烈辯論。

在爭取讓更多女性進入代議制政府，以及參與企業董事會方面，我們已有很大的進展。但為什麼無大學文憑的民眾在國會裡幾乎沒有政治代表來為他們爭取權益，我們對於這樣的現象，卻未經辯論就輕易接受了。

打破這種不合理情況的一個方法，可能是實施兩院制。其中一院在設定合宜的競選捐款限制下，經民選產生，另一院則是依抽籤輪換。

高等教育沒有促進階級流動，
反而讓貧者愈貧，富者愈富？

P 皮凱提

我很好奇是不是有比抽選更好的做法。我先談大學招生，再談議會的成員構成。

對於大學招生措施，你提議從資格充分的人選池中隨機抽選。你在《成功的反思》中還提到另一個辦法，就是耶魯大學教授丹尼爾·馬可維茲（Daniel Markovits）的提議，我想做個對照。

馬可維茲基本上對常春藤聯盟學校說：「你訂你的規則，但最後我希望你至少有半數學生來自家庭收入位於全國下層三分之二的家庭。你愛怎麼重新設計招生制度都可以，為低收入戶學生降低錄取分數門檻，或怎樣都行。但最低條件就在那裡，你做不到就會受到制裁。」

馬可維茲特別提到制裁辦法，就是取消他們的免稅身分。但我覺得能做的比這更多，比如堅持說滿足這項條件限制本來就是他們的責任，他們有責任調節高等教育這項基本財的取得。

針對你提出的抽選機制，我的疑問是，如果以擴大哈佛學生的社會階層來看，抽選制的效果可能不如馬可維茲的方法顯著。

<u>哈佛學生來自上層 1% 家庭的人數，</u>
<u>多於來自下層 50% 家庭的總和。</u>
<u>激烈的升學競爭，</u>
<u>讓弱勢家庭子女更難翻身，</u>

我想這不僅是哈佛的情況，可能也發生在史丹佛、耶魯。你認為你的提議能改變這一點嗎？相較於馬可維茲的提議，你覺得能改變多少？他的提議不見得需要抽選，但可能更具野心。

Ⓢ 桑德爾

在改變大學招生措施方面,我想目標有兩個。首先,我很重視精英大學的階級構成,也希望將來有所改變,讓更多來自低收入家庭的學生能夠進入好大學。這可以透過對校方的免稅資格設定條件,規定學校必須招收一定比例的低收入學生,或督促大學採行平權措施,增加錄取低收入背景或家庭中第一個進入大學就讀的學生。

改變頂尖大學的階級構成,對提供更公平的機會至關重要。對此目標,抽選制的提議可能小有幫助,但僅靠它無法充分增加低收入學生的人數,因此需要兩套不同的機制。

我提議的抽選制主要朝向的是第二個目標,就是設法減少才智至上的升學競爭造成的傲慢心態,並緩和劇烈競爭的升學壓力,減少年輕人在青少年時期因家長望子成龍鳳而承受的壓力和焦慮。

> 抽選制的目的除了改變頂尖大學的階級構成,
> 更希望緩和激烈競爭的壓力,
> 修正個人成敗完全取決於自己的觀感,
> 轉變贏者傲慢、輸者羞愧的勝負心態。

因此,我說的抽選制和馬可維茲的方案有不同作用,我認為兩種機制都應該考慮。

Ⓟ 皮凱提

你會怎麼結合抽選制和馬可維茲提議的大學招生方案?

Ⓢ 桑德爾

有幾種方法可以嘗試。例如你可以設定每個年級低收入家庭學生的比例,直接錄取這些學生,然後對剩餘的名額再進行抽籤。或者實施亂數抽選,

用彩券比喻,就是額外多發彩票給低收入戶背景的學生,增加他們錄取的機會。

Ⓜ 皮凱提

關於國會,我也有相同的疑問。是否存在其他機制可以與抽選制並用,或取代抽選制,達到同樣的效果,甚至更遠大的成果?

舉例來說,假設目前國民中有五成沒有大學文憑,但國會成員中只有5%來自這個群體。如果對全體人口實施抽選,第二院成員中將有五成沒有大學文憑,這可以改善「描述性代表」(descriptive representation)這個機制。

另一種方法是我熟識的法國經濟學家茱莉亞・卡傑(Julia Cagé)提出的。她建議各黨在各選區派出代表候選人競選。如果你的目標階層占人口五成,候選人中也必須有五成來自這個階層。

為防止政黨將這些候選人指派到不可能贏的選區，應規定最終組成的議會黨團中，該階層成員若不到五成，政黨必須繳納巨額罰金。

這並不是社會學者的理論空想。印度擁有 12 億人口，選民數比整個西方世界都多，自 1950 年起實施了一種制度：隨機抽出四分之一選區，所有政黨必須在這些選區提出來自表列種姓或表列部落的候選人。這些群體歷史上處於印度社會的下層四分之一。

印度的做法，雖然與我描述的機制不完全相同，但這顯示類似做法是可行的。

相較於你的抽選機制，這個方案的優勢在於結合描述性代表和選舉的優點。你不會只是隨機抽出某個低教育階層或藍領階級勞工。他們必須透過政治競選和集體商議展現立場。你覺得抽選制比這個方案好嗎？

第 6 章　亂數抽選制

(S) **桑德爾**

這是個有趣的提議，我也很贊同。只是這種做法在政黨名單代表制度下推行，效果應該會更好。

(P) **皮凱提**

印度是選區制，是跟美國和英國一樣的選舉制度。它的運作原則是，假設有五百個選區，隨機抽出四分之一選區，在這一百多個選區中，無論是印度國民大會黨、印度人民黨，還是印度共產黨，你都可以選擇想派出的候選人，只是這名候選人必須屬於表列種姓或表列部落。

這樣一來，無論哪個政黨勝選，當選者都會來自這個階層。因此，國會至少有四分之一成員屬於該特定階層。

(S) **桑德爾**

我很樂意實驗各種實踐方案,雖然各方案的實際成效與結果,仍需要進一步的研究,但可以確定的是,改進國會成員的社會、教育、階層構成,需要更健全的公共辯論。我認為,任何好的構想都是值得考慮的。

(P) **皮凱提**

所以,你並不特別只看好抽選制。

(S) **桑德爾**

對於這些概念在不同政治體制下的運作情況,我稱不上是專家,但我想我們應該把這些可能的實踐方案,放進政治議程中討論,然後擬定出最適合的制度。

職場尊嚴值多少？
不合理低薪不只不公，也是羞辱

Ⓟ 皮凱提 ___

在才智至上的討論中，另一個重要議題是尊嚴問題。你在著作中反覆強調，美國及世界各地的大學體制已成為巨大的分類篩選機器，對年輕人進行分類篩選，並產生許多折磨。顯然抽選制無法解決這個宏觀問題。除了抽選制，我們還有什麼方法脫離這樣的體制？

Ⓢ 桑德爾 ___

就宏觀面而言，首先，我們需要改變政治論述的措辭，少強調競逐才智，多關注職業尊嚴。肯定每個為經濟和公共利益做出貢獻的人，包括工作勞動、養育家庭或服務社區者，不論是否有大學文

憑,讓他們擁有好的生活品質。

我們有各種提議可討論,對於勞動尊嚴的定義和提升方式,左傾和右傾的人看法可能不同,但這是我們應該辯論的事。

> 我們不應該一味教導人們互相競爭,
> 努力爬上成就的高梯,
> 卻無視梯子的橫木每往上一層就相隔愈遠。

從川普和歐洲類似政治人物的得票數可以看出,對精英的反感主要來自許多勞動大眾和沒有大學文憑的人,覺得精英瞧不起他們,不看重他們的勞動付出。這有部分與主流政黨強調個人可以透過教育向上流動有關。

我們應認知到,透過教育向上流動並非解決不平等問題的最適解答。我們這些批判川普或勒朋之輩的人,應認真看待勞動大眾和無大學文憑者對學

歷精英的合理不滿。

這在政治上不容易,因為怪罪川普這樣的人物及其渲染的種族歧視、厭女、仇外心理較容易,而反思進步政治的主流政策對消解勞動大眾和無大學文憑者的不滿是否有助益則較難。

幾年前,美國智庫布魯金斯學會(Brookings Institution)的經濟學者伊莎貝·索希爾(Isabel Sawhill)做過一項研究,統計美國聯邦政府每年以津貼、貸款、減免稅等辦法補助大學教育的開銷達1,620億美元,而技職教育卻僅拿到11億美元。這反映了政策制定者的文憑主義和才智至上的偏見。

從我們前面談的分配正義問題來看,這不僅不公平,也顯示出對勞動階層職業的欠缺尊重。這種欠缺尊重、欠缺肯定,又因金融產業人士不成比例的巨額薪酬更形惡化。

避險基金經理人的收入為什麼可以是教師、護理師、內科醫師的5,000倍?相較於護理師、醫師

或老師對整體社會的貢獻,這懸殊的收入差距更加顯得不公平。

> 這就回到價值問題,
> 我們該如何衡量價值,計算個人的社會貢獻?
> 當不同職業的薪資收入如此懸殊,
> 除了不公平,也是一種羞辱,
> 是社會對勞動者的集體羞辱。

對勞動者的尊嚴羞辱,就算不是刻意施加,也至少帶有暗示。為什麼我們對於照護員、水電工人等勞動職業的教育和訓練投資,遠遠不如對專業階級的投資?為什麼我們不重視這些基層勞動者的價值、不在乎他們對社會所做的貢獻?

有社會學者先後在歐洲與美國,對不受歡迎的弱勢群體受到的各種偏見做了一項調查。他們發給民眾一份清單,上面列出通常不受歡迎的弱勢群

體,調查結果顯示,最多受訪者表示對教育程度低下的群體最反感。

文憑主義可說是最不該被接受的偏見。這並不是說我們已排除其他形式的偏見,還差得遠。只是令人驚訝的是,這種偏見被大家不假思索地接受,覺得理所當然,不認為有問題。

因此,我認為勞動尊嚴是個重要議題,對社會民主政治的復興至關重要。因為問題不只是不公平,並不是光靠重分配就能解決的,問題也在於缺乏肯定,社會對那些沒有大學文憑、但同樣是對公共利益有寶貴貢獻的人,缺乏肯定、推崇和尊重。

第7章

稅制、團結與共同體

革新制度之前,先喚起道德共感

實施高強度的累進稅制之前，

要先建立並訴諸強烈的群體共識：

我們同為公民，共同參與一個社會方案，

彼此負有責任，也互相蒙受恩惠。

——桑德爾——

政府應擴大高教與技職教育投資

(P) 皮凱提

我贊同你說的，在才智至上主義下，社會投入大量資源來推崇少數常春藤聯盟學校的精英，但對於技職教育的關注和支持卻遠遠不足。此外，「只要肯努力就會成功」的迷思，也亟需破除。

很少有人討論有多少大學、公立四技學校、技職學校未得到適切資源。我想強調，許多民眾很厭惡這種偽善作風，不僅在高等教育機會不平等的美國，許多國家如法國也是如此。法國的高等教育體系由公共資助，但我們對精英學校學生的資源投入，往往是普通大學或兩年制大學的三、四倍。

問題確實不光是不公平，也攸關人的尊嚴。我想強調，解決這個問題的方案，勢必得包含擴大對高等教育投入的資源。

重要的是，必須明確指出，如果要應對日益增長的醫療、醫院和高等教育需求，我們投入這些部門的國民所得份額就不能固定不變。這正是我們近幾十年來面臨的矛盾。但我們早晚要接受這個事實：投入這些公共服務和基本財的國民所得勢必要不斷增加，才能因應日益增長的需求。

該增加到什麼程度，到哪裡才能停止？教育經費的主要來源之一就是稅收，以歐洲國家為例，在第一次世界大戰前，稅收占國民所得不到10％。今天，這個比例已達到50％。是否會上升到60％、70％、80％？尚未可知，但勢必還得往上升。

如果你告訴百年前的歐洲人，稅收會上升到國民收入的50％，他們肯定會驚呼：「這是共產主義，經濟會崩潰，社會秩序會大亂。」但這確實發生了，而且助長了經濟繁榮，從歷史上看大獲成功。因此，對那些認為未來的公共服務支出占比應

第 7 章　稅制、團結與共同體

該凍結的人,我們不必太驚訝。因為百年前的人也想像不到我們可以發展到今天這種景況。

如果不透過公共方法增進服務,私營資源將逐漸進入醫療衛生領域,看看美國就知道了。私營資源也會投入這些領域的研究,可能是 Google、微軟或其他企業,並透過私立大學進入教育領域。這將導致不平等,甚至可能破壞我們前面討論過的一些內在動機。對各方面來說,都不是好事。

<u>擴大社會投資,增加公共資源是必要的。</u>
<u>我們必須接受這個觀念,</u>
<u>並致力於建立更公平的稅制,</u>
<u>恢復明確的累進稅制,擴大資助公共服務。</u>

這些挑戰是可以應對的,但前提是我們要認知到這件事的重要性。

尊嚴是社會穩定的基石,若要維護勞動者的尊

嚴，我們必須大幅縮小薪資和收入差距。我不主張薪資完全均等，在研究與比較歷史證據後，我認為 1 比 5 的薪資差距已足夠，有的人可能認為是 1 比 10。但當底層與頂層的差距達到 1 比 50、1 比 100，甚至 1 比 200 時，就不僅僅是金錢的問題了。這實際上是尊嚴的問題。

因為如此大的差距，意味著你可以購買他人的時間，這會帶來非常實際的嚴重後果。富人只需花費一點點收入，就認為自己能夠支配他人的時間。這麼巨大的薪資差距，會對社會關係架構造成惡劣的影響。

<u>我們應該設立最高工資，</u>
<u>同時保證最低基本工資。</u>
<u>此外，必須恢復嚴格的累進稅制，</u>
<u>就像課徵汙染稅一樣。</u>

第 7 章 稅制、團結與共同體

對於高收入者，最高所得稅率可以達到 80%或 90%。美國曾經實施這種稅制長達半個世紀。我花了很多時間研究這段歷史，歷史證據顯示其效果非常好。

在這場思想論戰中，除了社會學者，思想學者也應該參與。在閱讀羅爾斯的《正義論》時，我一直很困惑，我知道你對羅爾斯持批判態度。他的《正義論》寫於 1971 年，當時美國已實行嚴苛的累進稅制多年，但即將面臨崩潰。當時右翼思想家如海耶克、諾齊克和米爾頓·傅利曼（Milton Friedman）等人，皆明確表達了他們的目標，就是要徹底推翻累進稅制。最終，他們在 1980 年代贏得勝利。

相比之下，羅爾斯雖然支持累進稅制，但從未公開表明立場。讀完他的書，沒有一處提到美國從 1940 到 1960 年代的最高稅率達 80％至 90％。因此，可以認為他支持累進稅制，但未明確表態。

我疑惑的是，這種不願為具體問題進行政治鬥爭的態度，是否會帶來不良後果？

> 思想右翼為廢除累進稅制而奮力鬥爭，
> 但思想左翼卻未能同樣奮力捍衛它。
> 這部分解釋了為何保守黨後來能夠獲勝。

在羅爾斯出版《正義論》數十年後的今天，我讀到你的著作，發現你比過去的思想家更願意為全球化議題進行論戰。尤其在《民主的不滿》的新版後記，你評判柯林頓和歐巴馬的執政，論點比羅爾斯更重視歷史事實。但你仍然沒有對累進稅制或其他具體政策議題表明立場，我總期待思想學者能表述立場。

如果我們希望更有勞動尊嚴，不正需要認真地縮小收入和薪資差距嗎？不正需要像你這樣的思想學者幫助，贏下這一場思想論戰嗎？

累進稅制和重分配的道德基礎：
把同一塊土地生活的人當成自己人

Ⓢ 桑德爾

首先，我要為羅爾斯說句公道話。雖然我對他的差異原則持批判態度，但他幫助社會最弱勢成員的理念，確實可以說明施行嚴厲累進稅制的正當性，也可以主張他的正義觀需要這樣的稅制。用他自己的說詞替他辯解是可行的，所以到這個限度內我願意替他辯解。

然而，我對羅爾斯最大的批判在於，他用來定義及捍衛正義原則的方式，並沒有肯認任何一種美善的概念，沒有肯認怎樣是好的生活。

我認為正義問題或分配問題，跟何謂好的生活，以及我們先前討論的價值衡量問題，無法分開來談，也不應當分開來談。這是我不同意羅爾斯論

點的主要原因。

這與當代對累進稅制的爭論也有關聯。我認同加強實施累進稅制的主張，但在道德和政治上，實施累進稅制之前，首先要能建立並訴諸強烈的群體共識：我們彼此同為公民，共同參與一個社會方案，互相負有責任也互相蒙受恩惠。

> 累進稅制和重分配的道德基礎，
> 不能與身分認同、歸屬感、成員資格、
> 共同體意識、團結等問題脫鉤。

傳統上，社會主義政治與哲學十分仰賴團結的理念。羅爾斯的著述，或許因為是根據美國經驗，試圖在與美國個人主義相容的脈絡中，為重分配找到充分理由。此外，出於對多元主義的尊重，羅爾斯不將論點建立在特定的共同身分、共同目標與目的上。

第 7 章　稅制、團結與共同體

我認為，這在哲學思想上是錯誤的。但我也覺得進步派和社會民主派提倡累進稅制，卻未考慮共同性、共同體意識、身分認同等道德基礎，在政治上也是錯誤的。

我們要如何創造這些前提？如何培養共同感？這不會只是抽象論理的問題。所有財富都來自於集體創造，而不只是個人成就。為了感受到我們參與共同的社會方案，相信彼此之間相互依賴且負有責任，需要在公民社會內創造一些環境和機構，提醒我們彼此的共同性。

近幾十年來，貧富差距的擴大，導致富人和中下收入者的生活方式逐漸分化。這種分化不僅體現在子女教育上，也反映在生活、工作、購物和休閒娛樂等方面。

富人遷出市中心居住，選擇私人健身俱樂部等場所從事休閒活動，導致階級混合的公共設施在公民社會中愈來愈少。富人和窮人在日常生活中相遇

的機會愈來愈少。

為了促進尊嚴和相互認可,我們需要建立能讓大家分享生活的公民基礎建設,在這裡可以接觸到不同的人群。這些基礎建設包括醫療診所、大眾交通運輸、公園和休閒場地、市政設施、公共圖書館、體育場館等等。這種自然發生的階級混合,可以培養人們的某些習慣、態度和意向,讓我們想起彼此的共同性。

這是創造更平等社會的必要過程,甚至要在調整稅制之前就建立起來。雖然稅制改革是必要的,但我們更需要創造公共場所和公共空間,讓各行各業的人得以聚在一起,培養責任共有的歸屬感與共同體意識。

我認為,這是羅爾斯的方案欠缺的思想。過去半世紀以來的進步政治和社會民主政治,也少了這個部分。

第 7 章　稅制、團結與共同體

要實現更平等的社會，

必須創造公共空間，鼓勵社會融合，

關注因貧富差距擴大，

逐漸消失的共有生活，以及共同意識。

這是我務實的觀察，和累進稅制背後的思想觀念有關。推行累進稅制或建立更健全的福利國家，必須與某種共同目標使命的共有概念緊密結合。你覺得呢？

Ⓟ 皮凱提

我完全同意，但這是雙向並行的。若不強調共同性、共有經驗、公民價值，就無法替累進稅制和壓縮薪資差距辯護。但你能支持共同性，卻不主張累進稅制嗎？

未來的戰鬥

Ⓢ 桑德爾

這兩者互相依賴，缺一不可。

Ⓟ 皮凱提

但你說我們還必須等待⋯⋯

Ⓢ 桑德爾

不是等待，我們必須同時推動。

Ⓟ 皮凱提

那我期待你的下一本書，為此提供解方！

第8章

邊境、移民與氣候變遷

當川普崛起、消退又再崛起

要解決跨國之間的不平等問題，
需要單邊政策與國際合作兩種策略並行。
我們需要單邊行動來推動改變，
同時需要倡議國際合作。

——皮凱提——

建立新型態的國際主義，
從根本改變不平等的全球制度

Ⓢ 桑德爾

你曾在書中一再強調，跨國之間的不平等將是更棘手的問題。如果實現更平等的社會，需要公民之間有強大的連結，那解決跨國不平等問題，將會是極為特殊的考驗。

你提到任何平等方案都必須具備跨國面向，但這真的可行嗎？實行起來會是什麼樣子？創造超越民族國家的效忠和歸屬感是可能的嗎？

我們在民族國家內催生健全的共同感，就已經焦頭爛額了，如何建立跨國聯邦型態的重分配，實現更廣的全球正義，同時兼顧共有的身分認同來做為分享資源的動力？

(P) 皮凱提

我支持民主社會主義和聯邦國際社會主義,並樂見實施累進稅制的世界合眾國。雖然這需要很長的時間,但我們在對跨國企業或億萬富翁課徵最低全球稅等概念上已有進展。在實現長期願景前,我們可能需先重建新型態的國際主義。

首先就累進稅制而言,單看現有的民族國家也還有許多能做的事。以美國為例,聯邦政府其實有能力實施極端的累進稅制,不需徵求聯合國、歐洲或任何人的許可。這是做得到且應該要做的,美國可以在自己的國家範圍內立即實施。

然而,當我們放大視野看跨國民主、跨國正義時,正如你在前面清楚指明的,我們面臨的一大問題是中間偏左政府近幾十年來發展出對自由貿易的過度信仰,導致對自由貿易沒有任何管制。國家賦予人民在國際間自由移動的權力,卻不要求他們承

第 8 章 邊境、移民與氣候變遷

擔相應的集體義務。

例如,你可以在美國、法國、德國創業,利用當地的公共設施、法律制度、教育和醫院,累積財富後,卻能輕易的將財產轉移到另一個法律管轄區,國家政府無法追蹤你並對你課稅。政府對此束手無策,只能告訴全體公民:「太遺憾了。我們不知道那些錢去哪裡了,我們也沒辦法。」

然而,實際上,正是政府協助創建了這一套極其複雜的國際法制,允許人按幾個按鍵就能把財產轉走。

<u>我們建立起一套國際法制,</u>
<u>基本上讓大富豪得以完全規避公民責任,</u>
<u>然後我們還假裝這很正常。</u>

這是國際主義理念的最壞示範,是讓人厭惡國際主義的妙方。川普可以因此假裝自己的做法比較

平和穩健，這實在令人難過。

以柯林頓大力推行的 NAFTA 為例，在 2016 年美國總統大選期間，川普對此協定的立場看起來比希拉蕊更為平和穩健，甚至後來通過立法納入條款，要求從墨西哥進口到美國的汽車，必須有一定比例的生產是由時薪超過 20 美元的工人製造，或符合類似的工資條件。

這些條件看似具體，實際上很含糊，使得這條立法根本不具約束力，對美國生產重鎮的薪資水準影響不大。與其說是實質對策，更像是川普做做樣子。但是川普執政下的共和黨政府通過了這樣的法條，為民主黨制訂的 NAFTA 增加了社會與工資條件，這個事實顯示現況已經完全顛倒過來。

同樣的情況也發生在法國，支持歐洲自由貿易一體化和中國加入 WTO 的是左派社會黨。即使在今天，預測勒朋在法國得票率的一個準確指標，仍然是在 2005 年歐盟憲法公投中投反對票的群體，

第 8 章　邊境、移民與氣候變遷

這部憲法主張推動自由貿易和自由資本移動的經濟政策。

很多至今仍然投票給勒朋的選民都來自小城鎮，特別是法國東北部地區。這些小城鎮因中國加入 WTO，製造業工作機會大量流失，在 2005 年公投中一面倒的投下反對票。

美國研究也指出，面臨中國競爭而大量失業的鄉鎮地區選民壓倒性的投票給川普，若沒有這些選票支持，川普在 2016 年不會勝選。

我們必須嚴正考量這些因素，不能只是怪罪右翼民粹主義及其「可悲」的選民、可惡的領袖。我認為左翼政黨和執政的中間偏左政黨應該自我反省，並意識到他們構建國際主義和全球化的方式，勢必會讓老百姓感到厭惡。

我信奉國際主義，是一個社會主義國際主義者，對於現況格外感到痛心。今日我們該怎麼改變現況？

我們必須從改變觀念開始,

對於國內經濟和金融如何與世界整合,

個別國家的政府有權自己設定條件。

　　舉個具體例子,假設法國希望課徵 30％的企業稅,其他出口商品給它的國家,不管是荷蘭、愛爾蘭、中國、巴西或美國的企業稅率可能不到 30％,只有 10％、15％,甚至是零,而碳稅或其他社會和環境規定也可能存在不對等。

　　此時,法國可以說:「你想輸出商品和服務給我,但我有稅收逆差。法國境內生產商需付 30％的企業稅,而你們只需付 10％。這之間有 20％的稅差,你若要出口商品和服務給我,我會向你收取這個稅差。」

　　這不是典型的保護主義。若對方貿易國將稅率也調升至 30％,或提高碳價至相同水準,這條貿易制裁就會消失。

第 8 章　邊境、移民與氣候變遷

　　這做法是嘗試把大家都向上拉高標準，和標準保護主義很不一樣。理想上，因此課徵的稅收應該有部分要分配給南半球的發展中國家，凸顯這項政策普世的一面。但如果個別國家不採取類似措施，只是等著有一天能取得共識，或等待有個大型聯盟出面來解決問題，那什麼事也不會發生。

　　有時，我們必須跳脫標準框架，接受這類解決方案。這展現了一種主權態度，我稱之為「普世主權主義」（universalist sovereignism），因為這是以普世的社會正義和環境正義標準來界定全球經濟在何種條件下能繼續整合。

　　有人會不滿，也肯定會有人搬出法律佯稱這種做法不被允許，引用歐盟法規、WTO 法規，操弄法律語言。歷史上，許多保守派以法律為由，聲稱即使一個國家大多數人希望如此，也不該允許他們這麼做。但若我們希望避免國際主義徹底瓦解，終究必須採取類似「普世主權主義」的做法。

如果我們不管制資本移動和貿易流動，就等於把空間留給本土主義者，放任那些只看重身分認同的人去控制人力流動。這不僅無法解決我們面臨的社會和環境問題，還會加劇矛盾。

可能有人會說：「這會是一場災難，但他們遲早會輸的。」是嗎？川普在 2020 年落選，現在又回來了。這顯示我們不能總是依賴同一個策略。

當前的風險在於，所謂的「進步派」或喜歡自稱進步派的人，實際上有可能會愈來愈局限於為全球化贏家辯護。而當他們捍衛的現實變得根深柢固，要想改變將更加困難。

國際主義的重建勢在必行。要實現這個目標，必須質疑三、四十年前發展起來的自由貿易和資本自由移動制度的根基。我希望變革能透過民主動員，以和平方式到來，但也很可能是來自南半球的巨大壓力。

現在沒人敢提的一大問題是，無管制自由貿易

的興盛和北半球的富裕,代價是地球宜居程度劇烈下降,而首先受到衝擊的就是南半球國家。這些國家現在面臨配合烏克蘭戰事的壓力,總體上仍需遵循北半球制定的議程。但很多南半球國家會認為:「你只想到自己的利益和財富,根本不在乎你的富裕對我們造成的傷害。」

所以,我們為了全球經濟、金融、財政體系及環境規範的轉型所做的一切努力,既是為了調解北半球人民對全球化和國際主義的反感,也是為了消弭南北半球的對立,讓雙方參與某種形式的共同方案。不改變的話,我們將面臨嚴重的衝突。

全球最低稅負制啟動

Ⓢ 桑德爾

如果我理解正確,你的提議是主權國家,尤其

是大國，可以實施單邊政策，防止企業尋找避稅天堂或在國內轉移資本逃稅。但是否有另一種方法，你可能覺得不切實際，例如達成全球協議或成立跨國機構設定最低企業稅率，你覺得這太難實現嗎？

(P) 皮凱提

單邊政策與國際合作，這兩種策略必須同時試行。我們需要單邊行動來推動改變，同時需要倡議國際合作，可能由經濟合作暨發展組織（OECD）推行全球最低稅率，或者理想做法是由聯合國發起對企業利潤和億萬富翁課稅。

> 對跨國企業課徵全球企業稅的行動小有開展，多數國家同意OECD提出的全球最低稅負制。但深究細節，這當中存在兩個問題。

首先,法條漏洞使個別國家能迴避15％的最低稅率。其次,這稅率過低,只對富裕國家有利,南半球貧窮國家幾乎無法受益,僅能分得不到1％的新稅收入。因此,這計畫實際上只是華盛頓、巴黎和柏林稅務部門之間的遊戲,把目前藏在避稅天堂的一些稅收找出來分帳,南半球國家並不在他們的考慮之列。

從南半球國家的觀點來看,這實在很難接受,這些國家長久以來呼籲應有聯合國層級的租稅協定,不能只有OECD發起的租稅協議。OECD被視為富裕國家的俱樂部,這些富裕的成員也多半在自己人之間分配收益。相比之下,聯合國成員國有撒哈拉以南的非洲國家、南亞國家等。

在2023年聯合國大會上,只有西歐國家和美國反對聯合國租稅協定,其他國家都投票支持。所有的非洲國家和拉丁美洲國家都投下了贊成票,而

金磚國家*也是。但西方國家沒人談論這件事,反而人人都在談烏克蘭。烏克蘭戰事當然是重要議題,但我們不應該忽視國際之間的信任、民族正義和南北半球重分配的問題。

北半球已歷經兩個世紀的發展與繁榮,如果沒有全球供應的製成品、自然資源和勞力,北半球不可能實現這樣的榮景。

以棉花為例,非洲的奴隸勞力被運往北美洲,生產棉花供歐洲製造業使用,在十九世紀初,排擠掉中國和印度非常強勢的棉花生產。這段歷史我們都知道,老早就有人著書評論過,但在討論 OECD 租稅協定等具體問題時,卻往往突然失憶。

> 我們確實需要更多的國際合作,
> 但合作方式不能再那麼虛偽,
> 需真正考慮南半球利益。

第 8 章　邊境、移民與氣候變遷

我們也不該太天真。我認為各國政府應該立即採取行動，能做的事立刻先做，不該老是用等待組建世界聯盟或達成全體共識為藉口。這些目標固然重要，但我們必須要有行動。

在歐洲，我支持所謂的社會聯邦主義（social federalism）。我一直在推動不同形式的歐洲議會，以國民議會為基礎，在多數決原則下可以在歐洲範圍內徵收碳稅和財產稅。我也推動歐盟與非洲聯盟組成聯合大會，聯合徵稅為地中海地區的全球公共財提供資金。

我是堅定的國際主義兼聯邦主義者，但同時認為各國應施行單邊政策以促進行動。我們需要兩者並行，而非二選一。

---

* 譯注：金磚國家指經濟快速成長的發展中國家，投資銀行高盛（Goldman Sachs）的經濟學家吉姆・歐尼爾（Jim O'Neill）於2001 年提出的概念。起初包含俄羅斯、巴西、印度、中國。截至 2024 年又加入南非、阿根廷、衣索比亞、伊朗、沙烏地阿拉伯、埃及、阿拉伯聯合大公國，共計有十一國。

向超級富豪和跨國企業課稅，
應對不平等與氣候變遷

Ⓢ 桑德爾

我們可以探討如何利用單邊政策與國際合作來應對氣候變遷爭議。各國目前還難以達成減碳責任共識，每當召開全球氣候會議總會陷入艱難談判。

部分西方國家，特別是美國，推動可交易碳排放信用額度的全球協議，這意味某些國家願意在達成特定目標的前提下，接受更嚴格的減碳承諾，不僅減少自身碳排放，還支付其他國家的減碳費用，並因此獲得信用額度。你覺得這個方法可行嗎？

Ⓟ 皮凱提

我認為，這是美國找藉口來避免降低碳排放量。這豈止不能接受，未來也勢必會面臨全世界其

第 8 章 邊境、移民與氣候變遷

他國家強烈反彈。

過去兩百年來,美國和西歐累積的碳排放量占全球六至七成,但這兩個區域的人口比例卻不到兩成。如果再加上俄羅斯和中國,這些國家的人口比例不到全球總人口的四成,但累積碳排放量已達八至九成。這種情況遲早會引發反彈。

美國和歐洲需要大幅減少碳排放。現在雖然稍微有起步,但他們的人均排放量起始點高到不可思議。大家有時會說:「可是你看中國!」的確,中國現在的總排放量很大,但中國人口超過 10 億。這就像瑞士人對法國說:「你看,我們的碳排量明明很小。」那當然,他們的人口大約只有法國的十分之一。所以,這種比較方式很愚蠢。

<u>我們應該關注的是人均排放量。</u>
<u>低人口國要是再主張自己續排汙染沒大礙,</u>
<u>問題永遠無法解決。</u>

以人均排放量來說，美國幾十年來都超過15公噸，而歐洲國家在1990年至2000年間，都在10到12公噸以上。相比之下，中國目前有望在人均排放量不超過9公噸的情況下發展。

當然，你可以說現代科技不同了，或五十年前我們對這些問題的認知有限，部分事實確實如此，但這畢竟是我們發展和致富的方式，雖然我們對國家五十年前乃至兩百年前的決定沒有責任，但有責任在今日反省自身時不抱持這種想法。

所以，解決方案是什麼？我認為國族主義、社會主義、自由主義這三種意識形態之間，將存在一場大戰。

川普或勒朋這樣的國族主義者會愈來愈強烈宣稱：「你要我們埋單，怎麼不讓中國或印度埋單？我們不想埋單。」問題在於，如果希望實現國與國之間的重分配，美國、法國等國家就必須付帳。但這樣爭論會陷入死胡同，因為國族主義者會博得支

持，很多美國人、法國人或歐洲人會說：「為什麼我應該埋單？我並不有錢。中國那麼多有錢人，為什麼不是他們埋單？」這樣是行不通的。

> 可行方法是，將這種發生在地域的衝突，
> 轉化成更接近階級衝突的形式，
> 讓億萬富翁和大型跨國企業承擔責任，
> 不管他們在美國、中國或歐洲。

2015年巴黎高峰會上，富裕國家承諾投入資金在氣候補償，但相較於非洲和南亞對綠能科技的需求，這些資金遠遠不足，而且就連這麼小的金額也尚未撥款。我認為如果仍然僅依賴政府從總預算中撥款，這種方式是行不通的。

相較之下，我們應對億萬富翁和跨國企業課徵一定比例的全球稅，稅收比照人口比例，甚或受氣候變遷衝擊的程度，直接挹注給南半球國家。

我們前面提到對跨國企業或億萬富翁設定最低稅率，這些稅收一部分應該直接分配給各國，不論是否有稅基，也不論這些富豪或企業是否在該國投資。從宏觀角度看，氣候災害和這兩百年來地球上的工業發展，其實影響了所有國家，尤其是南半球付出極大的代價。

我們必須回歸到國家發展、自治、自決的基本權利。撒哈拉以南非洲和南亞需要最低企業稅收益來投資綠能科技、學校和醫院。要讓美國或法國等國家的公眾接受這點，唯一方法是鎖定大富豪和大財團課稅，直接要求他們埋單。只能這樣做，否則問題無法解決。

如果我們不這樣做，還會面臨來自中國和俄羅斯的地緣政治競爭，他們會提出其他的經費機制，附帶在政治影響力方面提出極度可議的要求。西方國家若不提出更可行的方案，這種事必然會發生。這已經明擺在眼前。

第 8 章 邊境、移民與氣候變遷

Ⓢ 桑德爾

我想用一個邊境問題來檢驗你的國際社會主義原則。你認為,不開放邊境,有什麼合乎原則的好理由嗎?

Ⓟ 皮凱提

我認為問題是一樣的。政府的層級分為鄉里、地區、國家、大洲和世界。我們需要逐一檢視自治與國際合作的代價和好處。更具體來說,人的自由流動,必然伴隨著公共財的資金需求,如教育、交通或環境。

以歐盟為例,成員國允許歐洲學生自由前往任一歐盟國家求學。這是很棒的政策,是歐盟的一大成就。但問題是,我們對如何支付這些教育費用,沒有任何配套計畫。

於是可能面臨以下這樣的情況,比如法國或德

國納稅人支付一個學生上大學的費用，但這名學生畢業後卻移居其他國家。由於歐洲沒有共同的聯邦所得稅，這個自由入學的制度將變得很尷尬，因為這個制度終將面臨資金短缺的問題。因此，我們有必要規劃共同基金來支應教育所需的資金。

　　類似的問題也存在我們與世界其他地區的互動。過去十年，歐洲對非歐盟學生收取高昂學費。挪威或德國的學生在法國大學就讀幾乎免費，但來自馬利或孟加拉的學生卻需支付 5,000 至 10,000 歐元的學費。這是最佳方案嗎？我不認為。我希望有更自由的流動，讓更多學生有機會來法國讀書，但相關費用需由國際稅收制度來支付。

　　你提的問題涉及範圍很廣，我用教育舉例可能稍嫌過於針對特定領域，但足以說明我想講述的要點。對於相關配套的公共服務，不管是大學、醫院、住宅、交通或基礎設施，如果資金規劃妥善，我看不出有理由限制人的自由流動。當然，前提是

第 8 章 邊境、移民與氣候變遷

必須有資金來源,而且資金必須充沛才行。

重點是,依我的民主社會主義、聯邦國際主義社會主義的觀點,我們應該盡可能開放邊境,讓人自由流動。

Ⓢ **桑德爾**

所以當前富裕國家有權阻擋貧窮國家投奔而來的移民嗎?

Ⓟ **皮凱提**

「有權」的意涵是什麼?我認為我們都有權思考一個更好的制度,也有責任設計更完善的機構。如果你是問我,歐洲目前對來自世界各地的移民人潮是否夠開放?我的回答是否定的。

我們現行的方針等同於宣稱,我們要再讓一萬人或五萬人溺死在地中海,確保再也不會有人想冒

險渡海。這就是我們最好的做法嗎?我們是否在說:「我們想了很久,經過兩千多年的地中海文明發展,這就是我們對管制人流找到的最佳辦法。」

如果問我這是不是最佳辦法,我會說並不是。

今日,我們前所未有的富有,
對於移民問題理應有更好的解決方法。

但我想這又是一個實例,顯示我們放棄了延續平等主義政策的雄心壯志,不再要求最有權勢的經濟行為者為民主管制當責,不再要求他們為需要資金的公共財做出貢獻,導致當前的本土主義論述興起,並把我們自身的問題歸咎於移民和邊境過度開放。事實上,移民流入量與歐洲五億人口相比其實很小。

第9章

左派的未來

經濟問題與身分認同

如果希望在經濟面和政治面減少不平等，
勢必得在對人的認可、尊嚴、尊重上，
創造更平等的條件。

────桑德爾────

左派式微，右派擴大利用愛國心

Ⓢ 桑德爾

我之所以追問你對移民問題的看法，是為了最後我們應該討論的主題：左派的未來。社會民主政黨目前最大的政治弱點，在我看來是他們任由右派獨占了某些最有力的政治情緒，那就是愛國心、向心力和歸屬感。

移民議題迫使我們質問國族邊界的道德意義，連帶也牽涉到國族做為一個相互依賴、相互負責的共同體所具有的道德意義。

我認為，左派政治的未來，取決於能否對這些問題提出更完整的答案。將愛國心全讓給右派政黨用來擄獲人心是個錯誤。社會民主派和進步派政黨有必要闡明對愛國心和歸屬感的認知。

比方說，企業想盡辦法逃稅，不肯在他們銷貨

賺錢的國家繳稅，這不能說成是缺乏經濟愛國心嗎？企業在實現成就的國家，沒有繳稅、為公共利益做出貢獻的愛國責任嗎？

撇開這個例子不談，你同不同意近幾十年來，左派政黨很難闡述一套關於成員資格、歸屬感、共同體、共同身分的倫理準則？左派傳統強調的團結、公民自豪感、公民相互義務，現今何在？

健全的公民自豪感，能代替仇外心理和極端國族主義，提供不同的替代方案。社會民主主義者和民主社會主義者一向主張建立更海納包容性的福利國家，要支持這樣的制度，不也需要這樣的民意做後盾？

Ⓟ 皮凱提

首先，實際觀察川普或勒朋獲得大量選票的地區，最能解釋選票來源的主要因素，我認為是失

業,尤其是因貿易競爭導致製造業的工作機會減少,而不是外來移民流入。

認清這一點非常重要。移民流入、非本國或非歐洲國家出生的人口比例提高,這些因素無法充分解釋川普或勒朋在這些地區的高得票率。

Ⓢ **桑德爾**

但在一些移民很少的地方,移民議題的爭論卻特別顯著。為什麼會這樣?

左派在等待妥協中迷失了自己

Ⓟ **皮凱提**

可以觀察並提供解釋的事件並不是沒有,像就業機會的汰減就解釋了很多事。我們就來談談這個問題。

你問我左派為什麼做不出適當回應，原因在於他們一直未處理貿易和就業問題。與國族主義者辯論身分認同或移民議題是贏不了的，因為國族主義右派在這條戰線上永遠更具說服力。重要的應該是解決選民真正關心的核心問題，其實是在經濟，而非移民。

在美國很明顯，川普得票率最高的郡縣，一大預測因素是製造業就業汰減，而不是穆斯林國家或其他地區的移民流入，將移民問題當作主因的假設是錯的。

在法國，我們看到相同的演進。歷史上，投給民族陣線黨和勒朋的父親尚－馬里・勒朋（Jean-Marie Le Pen）的選民，明顯很多居住在市郊，生活鄰近移民族群，並對北非移民深懷不滿。

這些選民後來先是被尼古拉・薩科齊（Nicolas Sarkozy）代表的自由市場右翼政黨共和黨完全吸收，其中許多人在 2022 年支持極端反穆斯林的總

第 9 章 左派的未來

統候選人艾瑞克·澤穆爾（Éric Zemmour）。

比起勒朋，澤穆爾反穆斯林的程度更激烈，但在經濟議題上偏向自由市場，現在的票源多為城市選民，很多是資產階級的種族歧視者（如果可以這樣稱呼他們的話）。

剩下的選民，則流向國民聯盟（之前的民族陣線），也就是勒朋所屬的政黨。這些選民主要來自小城鎮，當地幾乎沒有移民人口，他們的主要訴求是反對歐洲貿易整合及 2005 年的歐盟條約。

薩科齊在法國當政時，是自由主義右派和自由市場的喉舌。他試圖訴諸強烈的族群認同，招攬這些選民。他的做法相當強烈，他說：「這些北非來的青年男女，尤其是年輕男人，我們必須驅逐他們。我們會派警察去各地執法。」同時，他卻又希望一字不改的透過國會批准 2005 年歐洲憲法條約，但人民已用公投否決。

選民認為：「你以為暴力對待北非人就可以吸

收我們，但其實我們不在乎這碼子事。我們主要的問題是貿易競爭。競爭來自土耳其，還是中國、阿爾及利亞、墨西哥不是重點。重點是我們的工作機會愈來愈少。」

另一個問題，我認為對美國也很重要，就是這些小城居民經常被汙名化。例如被批評人人有自己的車、有獨棟住家，首都大城市居民譴責他們要為氣候變遷和碳排放負責。但首都居民可能一放假就搭飛機去羅馬，碳排放量遠遠更多。

我認為，比起族群認同問題，失業、貿易、競爭、交通、住宅等具體問題，更讓他們感到被中間偏右和偏左陣營雙雙拋棄。

有些政治人物嘗試在身分認同議題上，與國族主義右派競爭，例如法國的薩科齊和澤穆爾，但是他們並未成功吸引這些小城的選民。因為這些選民真正訴求的是，希望改變全球化和當前經濟體系的政策與制度。

第9章　左派的未來

總結來說，

左派當前問題不單是沒有質疑經濟制度，

還在於他們自己就是制度演進下的贏家。

這個難題一直沒有被慎重處理，因為今天的左派基本上只是一再重複地說：「我們應該取得國際共識。」但如果取得不了共識，他們怎麼做？他們什麼也不做。這就是為什麼前面提到的單邊行動很重要。

只要左派繼續說，他們正在等待國際間對共同稅、碳稅等等議題取得共識，基本上就等於告訴民眾：「別人不同意，我們也沒辦法。唯一能遵行的經濟政策，就是基於移民和族群身分管制邊境。」假如你幾十年下來都這樣對大眾說，佯稱能管制的只有這件事，那也難怪所有政治討論都聚向邊境管制和族群身分認同。

我認為這是個陷阱，應該不計代價避免，因為

這最終會導向國族主義者的勝利。

話雖如此，國族主義者也有他們的道理。回顧工業革命以來的政治對話，簡單來說主要有三大意識形態流派：民族主義、自由主義、社會主義。我認為，這三個主流派各自都有道理。

自由主義的貢獻在於對政治議題堅持多元觀點，並強調市場力量。競爭在一定程度上助長了繁榮，但也伴隨巨大的社會代價、社會傷害、環境破壞。於是對於自由主義造成的難題，出現兩種主要回應。

一是國族主義，強調族裔國民團結。這並不全然都是鬼話，在某些情況下確實有作用。你不可能立刻就組成一個世界政府，需要先有地方共同體的團結與利益結合。但這種意識形態能解決的問題類型有很多局限，而且傳統上經常被地方精英當作障眼法，用來維護自己的權力。

另外則是各種型態的國際社會主義或民主社會

主義，嘗試建立不同的經濟體系供作替代方案。這非常困難，但也成果斐然，社會民主、去商品化和累進稅制的觀念因此相繼興起。

我不會佯稱民主只需要一根支柱就能運作。我們需要這三足鼎立才可能茁壯。但社會主義這根支柱或左派重分配的這根支柱，從蘇聯倒臺以來就積弱不振。如果希望民主能在國家和跨國的層級健全運作，必須重新強化這個支柱。

問題出在經濟與工作，
也在於身分認同與失去尊嚴

Ⓢ 桑德爾

你將身分認同和經濟議題分開來看，我不會一刀劃得那麼分明。我同意在高度全球化時代，貿易政策導致的失業問題，確實對政治有巨大影響，而

不受管制的資本流動和經濟金融化也造成嚴重的混亂失序，這些都導致人們轉向支持川普和勒朋這樣的人物。

但是，這其中存在兩種影響。一是直接的經濟影響，例如失業、薪資停滯。二是與身分認同政治（politics of identity）有關，這不僅限於邊境政策或移民問題，而是涵蓋更廣泛的身分認同政治，涉及政治意見的表達。

我們前面談到尊嚴和認可，在我看來，衰落工業城鎮的居民遭受的苦難，不只是薪資停滯或失業，還感受到社會大眾和政府當局對他們的漠視，既不認同他們同為國家公民，也不尊重或在乎他們的尊嚴。

Ⓟ 皮凱提

甚至將他們汙名化，要他們為氣候變遷負責。

第 9 章　左派的未來

(S) 桑德爾

對。你以汙名化來描述,就帶出了身分承認、身分認同的意涵。

(P) 皮凱提

確實如此,這到最後會演變成身分認同議題。這我同意。

(S) 桑德爾

我想我們可以把汙名化、精英鄙視的概念,與身分認同政治連結起來,因為這是承認政治(politics of recognition)和歸屬感政治(politics of belonging)的一部分。我們現在一方面回顧以往的弊病,一方面也以前瞻角度討論創造社會民主政治需要的條件。在我看來,左派的未來不能忽視承認

政治,那是身分認同政治的一種,雖不全然相同。

(P) 皮凱提

對,不一樣。

(S) 桑德爾

因此,我們需要說明清楚,且要辨別並明確指出造成那些民怨的根源。

(P) 皮凱提

但經濟層面的影響與身分認同政治問題,兩者是不一樣的。

(S) 桑德爾

但這兩種影響都存在那些地區,他們的苦處不

第 9 章 左派的未來

純粹只有失業這些經濟問題。

(P) **皮凱提**

不會純粹只有經濟問題,問題永遠是多面的。我們在談論的是彼此緊密關聯的重要期望。例如我們前面提到因擁有自己的車而被汙名化,而這最終會變成身分認同問題。但這種身分認同,和強調族裔、信仰或膚色的那種身分認同很不一樣。

(S) **桑德爾**

你說得很有道理。

(P) **皮凱提**

左派的確有必要談論這種身分認同問題,並做出適當回應。川普和勒朋的反精英主義言論,在政

治上很有效,也許在美國特別見效。

回到1980年代、1970年代或1960年代,不論是經濟精英或教育精英,所有精英都投給共和黨。民主黨在精英階層的得票率很低。現在的數據顯示情況已經改變。我在美國看到的情況,也發生在法國。在地方層級,最時髦、最富裕的地區,歷史上向來投給共和黨,但現在情況不同了。

這一切早在川普之前就開始了,這也是川普崛起的原因之一。現在最有錢的地區通常投給民主黨,這間接促使共和黨人支持川普。但他們也可能支持其他的任何人,只要那個人說:「你們看這些人,假裝關心平等和貧富差距,但他們全是騙子。事實上,他們只想保障自己的特權。」你能看到他們在哪裡。對,他們在哈佛,他們也住在國內最華貴的地區。

我希望民主黨失去他們在最富裕地區的選票。只要他們依然在這些地區獲得壓倒性票數,就代表

他們的政見有問題，在相對貧困的地區，他們不會得到選票。這代表他們會繼續被對手概約成精英主義者。然而，要吸引非精英族群支持，方法並不是就移民方面，與共和黨人辯論身分認同。

尊嚴不該是階級特權

Ⓢ 桑德爾

正如你說的，問題根源確實不在外來移民。你的分析法讓我想起今年冬天遇到的事。

我和家人去佛羅里達州度假，進入旅館電梯時，一位年長女士問我：「你從哪裡來玩？」我回答波士頓，就只說了這樣。她回說：「我來自愛荷華。」（美國中西部農業區）然後又補了一句：「愛荷華州的人也是識字的。」

我不知道該回答什麼。我也沒提到哈佛大學，

只說了波士頓。她走出電梯前又補了一句：「我們不怎麼喜歡東西岸的人。」

這其實多少就是身分認同政治問題。這和移民無關，問題出在被瞧不起、不被認可和失去尊嚴的感受。

我們討論了平等的三個面向。一是經濟面，關於所得與財富的分配。二是政治面，關於政治聲量、權力和參與。然後就是這第三個面向，關於尊嚴、地位、尊重、認可、榮譽和自尊。我有預感，第三個面向對政治影響最大，可能對道德也是。

我們如果希望在經濟面和政治面減少不平等，勢必需要為認可、榮譽、尊嚴、尊重創造更平等的條件。這是我的直覺，我證明不了。你覺得呢？

(P) 皮凱提

我覺得非常合理。而且回到前面提到的一個主

題,我認為桑德斯和華倫提出的民主社會主義議程,以及希望未來年輕一代有更多非白人候選人,會繼續往這個方向推進。這個推動方向會是這套政治議程成功的一個原因,特別是在年輕選民之間,我指的是在五十歲以下的選民間,桑德斯和華倫的支持率遠遠領先拜登。

只有往這個方向繼續推進,民主黨才有可能在國內更大範圍重拾希望和認可,而不只限於波士頓和舊金山這些富裕地區。相同結論也適用於歐洲和其他地方。

不平等的起源,
在於私人財產無止境的累積

Ⓢ 桑德爾

最後,我以法國哲學家尚—雅克・盧梭(Jean-

Jacques Rousseau）探討人類不平等的起源時所寫下的話，*總結我們的對談。這幾段文字呼應、貫串了我們前面討論的主題。

盧梭起初看似把不平等的起源歸因於人發明了財產概念。但他接著解釋，這個概念能誕生，是因為我們肯認及看待彼此的態度有了轉變。不知道你是否有同樣的解讀？以下是當中的幾段描述。

首先，關於財產做為不平等的起源，盧梭說：「這第一個人圈起了一片土地，心念一動說：『這是我的。』並且發現人們單純到信了他的話，這個人就是文明社會真正的創始者。」

盧梭接著說：「多少罪惡，多少戰爭，多少殺害，多少不幸與恐怖」可免於發生，如果當初有人「掄起棍棒……向同伴疾呼：『別聽這個冒牌貨。你們要是忘了大地的果實是人人平等均有，要是忘了土地本身不屬於任何人，你們可就要糟了。』」

這段話本身就相當有力。但盧梭接著還說，

第 9 章　左派的未來

「這種財產概念源於幾個先行概念」，是「事件連續的積累和心智緩慢的進步」。（盧梭這裡說「心智進步」帶有諷刺意味，因為別忘了他認為文明帶來腐化。）

他想像人類有一種原始狀態，自我意識還沒產生，不會互相比較。但經年累月過去，人開始圍繞在一株大樹下唱歌跳舞：

「每個人開始觀察其他人，也暗暗希望其他人觀察〔或注意〕自己。公眾的尊崇開始有了價值。歌舞唱跳得最好的人、長相最俊美的人、最強壯的人、最敏捷的人、口才最好的人，成了最受敬重的人。」

盧梭說，這種對榮譽和肯定的競爭，「是通往不平等的第一步」。你覺得他的想法對嗎？

---

*　譯注：Jean Jacques Rousseau, *Discours sur l'origine et les fondements de l'inégalité parmi les homes* (1754)

P 皮凱提

盧梭的文章值得我們花更多時間討論,但這幾段論述都很重要。尤其最後這段也能連結到你說的才智至上問題。

關於不平等,以及當今亟需我們處理的那些問題,我認為起源有很多,既源於財產的不平等,也源於才智的不平等。我們往往會嘗試替這些不平等加上道德的意義,似乎這樣就能維護勝利並汙衊落敗的人。這些因素全都很重要,也全都在盧梭的論述當中。

但我認為盧梭很清楚的闡明了一點,那就是問題不太在於最初的圈地和最初的私人財產,而在於無節制的累積財產。這在盧梭的著作中很清楚表明,也是我一直想闡述的觀點。

問題不是誰有房產、誰有轎車。問題在於龐大財產不可思議的集中在少數人手中,造成了權力的

第 9 章　左派的未來

集中,以及精英的傲慢。

這才是問題根源,少數人擁有巨大權力,
而其他的人卻什麼也支配不了。

所以,財富和財產所有權不僅僅關係到金錢,還關係到你對自己的生活和在社會的議價能力。當你一無所有或一身債務(這也是桑德斯減降學貸想解決的問題),對任何工作條件、任何工資,你都只能接受,因為你需要支付房租和帳單。

但如果你有 10 萬、20 萬或 30 萬美元的財產,雖然在億萬富翁眼裡幾乎跟零沒有差別,但實際上還是有很大的差異。這些錢讓你能制定計畫,買房子、做小本生意,甚至對工作機會可以有些挑剔,這是雇主和業主不樂見的。但你可以有所挑剔,有選擇的權力,也許正是我們希望實現的。所以,重點其實在於權力和議價能力。

我同意盧梭的主張,問題出在累積,出在私人財產無止境的累積。

Ⓢ 桑德爾

我們探討了平等的意義及其重要性,從所得與財富不均,討論到政治權力和聲量變化,再到尊嚴與認可問題,涵蓋範圍很廣,試圖解讀當今世界最錯綜複雜的核心問題與解方。就像盧梭一樣,思考平等的意義促使我們深入探究經濟、哲學和政治理論。希望這樣的對話會持續下去。謝謝你。

Ⓟ 皮凱提

謝謝你。

重要觀點注解

林宗弘、蔡其融

新自由主義 Neo-liberalism

本書常見新自由主義一詞，主要是指 1980 年代由美國總統雷根與英國首相柴契爾夫人等右派政治領袖推動的政策潮流。原本主要關注國營事業民營化（以提高效率之名出售國營事業來削弱工會力量）、減少福利支出及減低民間企業稅賦（通常給富人減稅），以期增加國內投資和促進經濟增長。但由於資方可以在國外投資，因此擴大國內投資的間接效益不彰，而給富人減稅和削減福利支出，卻通常直接導致貧富差距惡化。

後來，新自由主義也泛指各種減少國家干預與擴大市場競爭的社會制度安排，例如減少政府對國際貿易、勞動、房地產與金融市場的賦稅與管制。而這些減少管制政策，通常會限縮對弱勢群體的社會保障。皮凱提的全球不平等研究顯示，國有資產的私有化可能是導致先進國家經濟分配惡化主因。

社會距離 Social Distance

在社會學裡意指個人主觀感知自己所屬的社群與其他社群之間的融合與隔離程度。社會學者埃默里・鮑嘉斯（Emory S. Bogardus）在 1925 年開創用「你是否願意與 X 族群成員成為鄰居？同事？姻親？」來測量這類感知，通常用在研究弱勢族群與性少數的議題。

影響社會距離的因素很多，例如個人的社會網絡接觸（像跨族群或不同性取向朋友的數量）或社群之間的貧富差距、居住隔離或人數比例等，在政治實踐上，「多元、平等、包容」（簡稱 DEI）即是一種用來減少歧視與社會距離的理念或政策。

去商品化 Decommodification

商品化指的是把原本不屬於金錢買賣的事物，轉變為可以透過市場交易的商品，例如精英大學開放讓有錢人捐錢並保障其子女入學，而減少考試成績影響入學的比重，就可以說是大學教育的商品化；而去商品化，則是將原先在市場交易的服務和商品變成非商品。

去商品化往往意味著，將某種商品與市場服務轉變成國家提供的公共服務，例如將醫療市場制度改變為全民健康保險制度，醫療市場為了賺錢會先照顧有錢的病患，而全民健保則由政府協調從全民薪資中抽取保費，以分擔疾病風險，窮人與富人都只要負擔較低的自負額就能就醫。當醫療服務完全由國家財政提供時，可以算是完全去商品化。

在許多需要集體投資的公共服務領域，例如教育、醫療、交通或水電等基礎建設，商品化與去商品化的政策措施各有利弊，也會影響一國的發展與貧富差距。

參與式社會主義 Participatory Socialism、
民主式社會主義 Democratic Socialism

社會主義一詞在歷史上的演變相當複雜，不過通常是以追求經濟平等為其主要政治綱領，而非著重於保障產權或交易自由等其他價值。

皮凱提在《平等的反思》中，提出參與式社會主義一詞，認為每個公民應該有相對平等的權利參與經濟與政治生活。皮凱提強調財富賦予人們選擇

權和自主權,應該更平等地分配。因此,他主張每個人只能傳承有上限的遺產給自己的下一代,而超過上限的遺產則由政府進行重分配,讓每個人在成年後能夠平等地獲得一筆定額財富。

另一方面,皮凱提所謂的民主社會主義,主張採取合乎和平選舉的手段來獲得權力,並合法地推動經濟民主改革,以逐漸減少貧富差距。例如,皮凱提主張立法協助各層級的員工參與經濟民主制度,使勞工階級擁有並管理生產工具。

社會民主主義 Social Democracy

社會民主主義是十九世紀末在歐洲開始出現的一種左派思想。相對於以暴力革命奪取國家政權為手段、以廢除資本主義為目標的共產主義,社會民主派主張在既有的資本主義下,透過民主化,擴大工人階級的政治權利(解除財產限制的投票權,實行成年男性普選權),以和平選舉手段,獲得議會多數席位,合法取得政權,進而推動經濟和社會政策,例如由政府投資於醫療、住房與教育等公共服務,來減少不平等所造成的政治衝突並達到社會團結。共產黨往往批評社會民主黨派為修正主義者。

民主社會主義 Democratic Socialism

第二次世界大戰結束以來，歐洲許多國家的社會民主黨派已歷經多次執政，推動公共醫療與教育等福利國家政策，在一定程度上已使這些公共服務領域去商品化並減少了貧富差距。然而，這些政策很少能夠對抗經濟全球化所導致的失業與工會衰退，或達成企業內部的民主參與。

民主社會主義可以被視為比傳統的社會民主黨派更為激進的左派政治主張，例如民主社會主義提倡提高全球資本利得稅、全民分遺產的制度，以及擴大員工參與企業經營與利潤分配的經濟民主制度等等。

描述性代表 Descriptive Representation

意指某群體選擇一個擁有該群體特徵或共同經驗的個人，做為該群體利益的政治代表。例如很多國家實施女性國會議員比例保障制度，或台灣的原住民立委席次保障等，這類制度通常用來平衡弱勢族群的政治參與，或是做為歷史上轉型正義的權利補償。

左派、右派與民粹主義 Populism

左派本來是指法國大革命時期坐在國民議會左側席次的派別,因為反對國王徵稅而要求政治改革甚至密謀暴力革命。此後隨著歷史演進,左派泛指追求各種權利平等的政黨或政治主張,包括政治、經濟(社會主義)、族群與性別平等的各種議題。通常,左派認為政府的介入對於促進權利平等有其必要,提倡社會福利與擴大公民權利等政策。

相對地,右派泛指傾向尊重傳統權威,保守文化價值與保障既有財產權利的政黨或政治傾向。1980年代後歐美國家主要右派思想潮流中,往往包括新自由主義,傾向支持國營企業民營化和降低財產或所得稅率,反對政府介入市場與私人生活,主張減少企業管制和刪減社會福利等。

相對於左派與右派,民粹主義是一種宣稱代表多數平民百姓,傾向仇視與對抗現有制度內腐敗政治精英的政治運動。民粹主義因缺乏左派或右派的核心價值與政策邏輯,政策往往相互矛盾或比主流政黨更激進,特徵包括崇拜強人領袖、煽動民眾情緒等,容易導致極右派或極左派的民粹主義出現。

共同體／社群 Community

共同體／社群指人們想像並感受到彼此共屬於一個群體。社群主義（communitarianism）是以共同體／社群先於個人存在為基本假設的政治哲學，以此挑戰由政治哲學家羅爾斯代表的理性主義「正義論」的政治哲學。

通常社群主義同意民主與平等的重要性，但認為由社群建構的身分認同，往往是主權與民主的制度前提，而不是由個人理性計算所選擇的制度結果。桑德爾是著名的社群主義政治哲學家，而皮凱提似乎比較認同經濟學個人理性主義的假設。

因此，在皮凱提與桑德爾的辯論中，雙方雖然都承認平等的價值，皮凱提較傾向提出平等對個人與集體的經濟好處，而桑德爾則傾向主張平等對尊重身分認同與維持社群團結的重要性。

國際主義 Internationalism

國際主義通常指國內的政治經濟改革或革命需要跨國的經濟和政治合作或鬥爭才能達成。特別在共產主義革命思想的歷史脈絡中，國際主義通常涉

及俄國革命家托洛斯基（Leon Trotsky）的不斷革命理論。

托洛斯基認為，一國的國內共產主義不可能與國際上的資本主義共存，因此必須由共產國家輸出革命到其他國家，直到全球各國實現社會主義為止。這種看法被皮凱提視為舊的國際主義，而他自己所提出的社會聯邦主義概念，似乎暗指新的國際主義。

社會聯邦主義 Social Federalism

受到歐洲聯盟歷史經驗的激勵，皮凱提提出了社會聯邦主義的概念。社會聯邦主義一詞結合了社會主義與聯邦主義，後者所指的是在不取消各個地方（會員國或州政府）的自主權下，利用國際間取得共識的財政和社會政策來減緩整個歐洲或甚至全球的經濟不平等。

例如，利用國際組織修訂國際和歐盟條約，各國同步建立高稅率的跨國資本利得稅或遺產稅，避免出現租稅天堂，同時將社會福利提高到類似的優厚條件，以此來落實社會主義的經濟平等理想。

社會主義國際主義者 Socialist Internationalist

社會主義國際主義者同時信奉社會主義和國際主義，主張經濟資源和生產工具應該由社會集體共有，並且認為政治和經濟的公平不應局限於國界，批評造成全球不平等的經濟體系，強調跨國工人的團結合作。鼓勵各地的社會主義政黨和運動合作，認為經濟正義應該透過全球治理機制來達成。

聯合國 2023 年全球稅制協議 UN tax convention

《聯合國國際稅收合作框架公約》（*UN Framework Convention on International Tax Cooperation*）是一項擬議中的新法律工具，該公約由發展中國家主導，目標是使國際稅收合作更加包容並提高其效能，例如提升跨國租稅資料分享或設定基本稅率，以避免競相減稅，導致租稅天堂等。

提案國家希望這個公約也能有助於聯合國推動「永續發展目標」（SDGs），例如協調建立全球碳稅制度。根據 2023 年 12 月 22 日聯合國大會第 78/230 號決議，大會已成立一個特別委員會，負責在 2024 年 8 月前起草《聯合國國際稅收合作框

架公約》的參考條款。然而，這個全球協議預計在 2027 年才會有相對完整的草案，而且此前美國與中國等已經爆發關稅貿易戰，使得聯合國的多邊租稅協議仍充滿變數。

OECD 國際稅務協定 OECD Tax Convention

OECD 是以歐盟為主的已發展國家組成，其所簽訂的《所得與資本稅收模式公約》（*Model Tax Convention on Income and on Capital*）是 OECD 國家之間雙邊稅收協定談判的基礎框架，旨在防止雙重課稅並促進跨境貿易。透過提供標準化的指引，該公約協助各國界定不同類型所得的課稅權，進而減少潛在的稅收爭議並促進經濟合作。

隨著全球化發展，一些企業透過避稅策略（如利用低稅國或無稅國進行利潤轉移），造成部分國家的稅基被侵蝕。為了應對這種情況，OECD 於 2021 年提出「全球最低稅負制度（Global Minimum Tax, GMT）」，規定全球最低企業稅率為 15%（適用於年營收超過 7.5 億歐元的跨國企業）。

如果某跨國企業在低稅負國家繳納的有效稅率

低於 15%，則母國政府有權補足差額，確保企業無法透過低稅國避稅。皮凱提雖然認可這個實現國際間最低稅負制度的改革，但認為 OECD 以外的窮國仍然被排除在外，因此應該以聯合國的稅制協議為基礎才完善。

身分認同政治 Politics of Identity

身分認同政治指的是以特定群體的共同經驗、利益為基礎展開的政治活動。身分認同政治假設社會中有群體差異，有些社群（包括階級、膚色或性別差異）享有特權，而其他社群則受到壓迫，因此達到正義必須考量各種社群的差異，才得以消除壓迫。讀者可進一步參考政治哲學家艾莉斯·楊（Iris Marion Young）所寫的《正義與差異政治》（*Justice and the Politics of Difference*）。

承認的政治 Politics of Recognition

承認的政治指的是當代與身分認同「承認」及被承認有關的政治活動，這種需求通常源自個人或群體對於自身身分的認同，以及社會對這種身分的

回應。承認與身分認同（identity）密切相關，因為如果個人或所屬的社群身分受到社會的不承認，或忽視、甚至歧視，他們可能會經歷其他社群的壓迫或剝削，甚至導致其身分認同遭到自己或其社群的扭曲與貶抑。讀者可進一步參見哲學家查爾斯·泰勒（Charles Taylor）於 1992 年發表的〈承認的政治〉（The Politics of Recognition）。

歸屬感政治 Politics of Belonging

意指用來建構歸屬感的政治規劃，透過設定邊界來區分「我們」與「他們」等不同的社群。這涉及到哪些人被視為社群的成員、誰擁有參與社群政治決策的權利，以及決定這種歸屬感的界限之價值觀和外在標準。讀者可進一步參見社會學家妮拉·尤瓦爾—戴維斯於 2006 年發表的〈歸屬感與歸屬感政治〉（Belonging and the Politics of Belonging）。

國家圖書館出版品預行編目（CIP）資料

未來的戰鬥／托瑪・皮凱提（Thomas Piketty），邁可・桑德爾（Michael J. Sandel）著；韓絜光譯. -- 第一版. -- 臺北市：天下雜誌股份有限公司, 2025.04

面; 13×19 公分. -- （天下財經; 578）

譯自：Equality : what it means and why it matters.

ISBN 978-626-7468-84-5（精裝）

1. CST: 分配　2. CST: 平等　3. CST: 經濟學

551.8　　　　　　　　　　　　　　　　　　　　114002352

天下財經 578

未來的戰鬥
Equality: What It Means and Why It Matters

作　　者／托瑪・皮凱提 Thomas Piketty、邁可・桑德爾 Michael J. Sandel
審　　訂／林宗弘、蔡其融
譯　　者／韓絜光
封面設計／Javick 工作室
內頁排版／邱介惠
責任編輯／張奕芬

天下雜誌群創辦人／殷允芃
天下雜誌董事長／吳迎春
出版部總編輯／吳韻儀
出　版　者／天下雜誌股份有限公司
地　　址／台北市104 南京東路二段139 號11 樓
讀者服務／（02）2662-0332　傳真／（02）2662-6048
天下雜誌GROUP網址／ http://www.cw.com.tw
劃撥帳號／01895001天下雜誌股份有限公司
法律顧問／台英國際商務法律事務所・羅明通律師
製版印刷／中原造像股份有限公司
總　經　銷／大和圖書有限公司　電話／（02）8990-2588
出版日期／2025 年4 月2 日第一版第一次印行
定　　價／450 元

Copyright © 2025 by Michael J. Sandel and Thomas Piketty
The right of Thomas Piketty and Michael J. Sandel to be identified as
Authors of this Work has been asserted in accordance with the UK Copyright,
Designs and Patents Act 1988. First published in 2025 by Polity Press
Complex Chinese translation copyright © 2025 by CommonWealth Magazine Co., Ltd.
Published by arrangement with author c/o Creative Artists Agency
through Bardon-Chinese Media Agency
ALL RIGHTS RESERVED

書　　號：BCCN0578P
ISBN：978-626-7468-84-5

直營門市書香花園　地址／台北市建國北路二段6巷11號　電話／02-2506-1635
天下網路書店　shop.cwbook.com.tw　電話／02-2662-0332　傳真／02-2662-6048
本書如有缺頁、破損、裝訂錯誤，請寄回本公司調換

天下 雜誌出版
CommonWealth
Mag. Publishing